CORRERE LUNGHISSIME DISTANZE

FILOSOFIA E PRATICA DELL'ULTRAMARATONA

DI NICOLA PLACUCCI

Contatti: nicolaplacucci@hotmail.com

Copertina: Daniele Lucchi

Prima edizione: Dicembre 2021

5

A mia figlia Linda, appena venuta al mondo.

Correre lunghissime distanze

7

PREFAZIONE DELL'AUTORE

Il mio interesse a quanto viene pubblicato in materia di corsa e gare, è sempre stato molto basso, lo ammetto. Ho dedicato moltissimo tempo alla corsa, senza mai porre sufficiente attenzione agli approfondimenti dei vari aspetti che essa può presentare, come le tecniche di allenamento, le varie competizioni, oppure gli infortuni, nonostante io sia, in effetti, anche un Medico.

Tuttavia mi sono accorto, dopo tanti anni a macinare chilometri sulla strada, che anche senza studiare e documentarmi, ho sviluppato da solo un piccolo ma nutrito bagaglio di esperienza e di dettagli, forse rudimentali, ma probabilmente efficaci, che giorno dopo giorno mi hanno portato spontaneamente a migliorare quegli aspetti della corsa di cui tanto si parla su volumi ed articoli scientifici. Questo processo di miglioramento è avvenuto in maniera naturale, non già progettata a priori, ma consapevole momento dopo momento, e mi ha portato a vivere l'esperienza del correre lunghissime distanze con una pienezza di cui sarò sempre immensamente grato.

E' stato Daniele Lucchi, autore di RUN - Corsa e performance, mio amico nella vita, a darmi l'idea di porre nero su bianco la mia visione dell'ultramaratona per farne un capitolo del secondo volume della sua opera, sospinto dalla sensazione che questo testo avrebbe avuto contenuti veri, interessanti, originali.

Con grande piacere, quindi, ho raccolto il suo invito. Se non ché, come sempre lungo la strada, è successo qualcosa di inatteso: mi sono accorto che i miei argomenti non erano pochi, e che metterli in ordine per iscritto mi ha portato a stendere ben più di un capitolo. Ne è nato dunque questo manuale, dove racconto la mia esperienza e fornisco qualche consiglio pratico a chi si vorrà approcciarsi all'ultramaratona. L'approccio è il mio, sicuramente poco scientifico, forse nemmeno così originale: è un incontro tra le fondamenta filosofiche e gli elementi pratici che ho imparato a conoscere e praticare nella mia vita da runner.

Propongo quindi la mia visione di questa disciplina sportiva. Lo faccio in totale libertà, senza l'ambizione di voler insegnare nulla a nessuno; tuttavia, essere riuscito a correre le gare di ultramaratona su strada più importanti e dure al mondo, senza peraltro mai incappare in malattie o infortuni, mi consente di avere qualche argomento da condividere, e sono felice di poterlo fare in questo volumetto.

Desidero ringraziare Daniele per la sua felice imbeccata, cioè avermi fatto scoprire che di corsa si può anche leggere e scrivere, non solo pensare e praticare. L'altro "grazie" va a tutti i fratelli ultramaratoneti, che ogni giorno corrono per le strade del mondo contribuendo a tenere alto lo spirito umano.

Correre lunghissime distanze

PREFAZIONE DI DANIELE LUCCHI
"IL MIO PENSIERO CHE CORRE"

Nicola è un personaggio particolare che mi ha sempre affascinato tantissimo, anche quando non lo conoscevo così bene.

Lo vedevo correre per il gusto di correre: una cosa splendida, lontana anni luce da ogni gestione calcolata da algoritmi e orologi, lontana dal vorace podismo competitivo, lontana dalle solite chiacchiere, dagli allenamenti specifici, foraggiata dal solo gusto di muoversi nel mondo, procedere.

Incontrarlo e parlarci mi ha sempre fatto specie, perché guardare Nicola che ti viene incontro, solo, con quel fisico asciutto e leggero e i capelli raccolti è come osservare un pensiero che procede in silenzio.

Il fatto che lui fosse un medico così appassionato e vivo, ancorato alla realtà dai fatti scomodi del suo lavoro e da ciò che ogni singolo giorno doveva vedere ed affrontare, mi faceva apparire questo suo incedere nella corsa ancora più come un'arte mistica: una testimonianza della magia della mente.

Conoscerlo meglio mi ha aiutato a capire altri aspetti che lo riguardano: Nicola non è solo praticità ed efficacia formale, non è solo corpo, è cervello, pensiero, spirito.

Leggendo questo libro ve ne accorgerete.

Anima (o mente) e corpo sono due concetti di cui oggi le neuroscienze studiano a fondo la complessa interazione, ma nella realtà dei fatti parliamo di un binomio che viene discusso ed esaminato fin dai tempi di Platone.

Mente e corpo….davvero pensiamo che un uomo possa essere "due cose"? Non credo. Siamo troppo interconnessi per essere banalmente suddivisibili.

Il nostro cervello ha una struttura in continua modificazione e rappresenta l'unità dentro la quale ognuno di noi nasconde, osserva, pianifica e gestisce il proprio mondo. Un mondo sconfinato che ha nel corpo una delle sue espressioni.

Pensiamo a quando una persona ci fa arrabbiare o ci provoca turbamento. Cosa ci succede? Diventiamo rossi, tremiamo, il cuore comincia a palpitare. In quel momento siamo assaliti dai pensieri.

Risposte fisiche ed emotive si intrecciano e rincorrono nello stesso istante.

Questo dovrebbe farci ragionare sul fatto che, finchè c'è vita, non può esistere separazione tra mente e corpo.

Tuttavia, questo processo lineare si può interrompere con poco.

Per esempio quando, correndo, sentiamo la fatica, o quando una malattia ci costringe a letto, spesso siamo preda di una sorta di "schizofrenia": ciò che dovrebbe essere "uno", si divide, mente e corpo tornano cose distanti.

Il nostro fisico, da fantastico mezzo di connessione col mondo, diventa ostacolo. Da trampolino per la libertà si trasforma in pesante catena.

Questa fisicità di cui siamo preda è il nostro più grave intralcio, perchè non ci libera più nel mondo,

ma ci imprigiona. In alcuni momenti è proprio il fisico il nostro unico mondo, un carcere che percepiamo nitido e di cui, spesso, abbiamo paura.
Con Nicola questa fisicità salta.
Ascoltandolo parlare, leggendo i suoi scritti, guardandolo correre, è possibile percepire unità, leggerezza e libertà, anche in momenti di estrema difficoltà.
Ed è interessante che proprio lui sia un medico. É meraviglioso, confortante.
In ambito medico e sportivo infatti, spesso si osserva il corpo come uno strumento meccanico, qualcosa di separato e a sè stante, una sorta di dépendance (della mente), che vive di principi propri, canali di comunicazione, sangue, nervi, muscoli, organi.
In realtà, seppur questa concezione "idraulica" sia spesso necessaria e utile per risolvere i problemi di salute che ci affliggono, la consapevolezza che siamo una cosa sola (con la nostra mente) e che le pareti che abbiamo sono solo quelle che scegliamo di erigere, rappresentano il fulcro del vero sapere umano.
E un medico che fa suo questo sapere è prezioso.
Così come un runner, d'altronde.

La conoscenza di Nicola è stata un privilegio: mi ha fatto pensare tanto, comprendere che abbiamo potenzialità enormi e che, volendo, i cervelli delle persone si possono connettere come all'interno di un immenso wi-fi, attraverso le idee.
Quindi non più "solo uno", ma "tanti in uno solo".
Ecco perchè Nicola in fondo...non è che il mio pensiero che corre

INTRODUZIONE

Ogni volta che si espone un argomento, bisogna scegliere quale obiettivo ci si pone. Il mio obiettivo, in questo manuale dedicato alle ultramaratone, non è tanto quello di insegnare un metodo, quanto fornire la mia personale visione di questa disciplina sportiva. Gli esperti della corsa su lunghissima distanza sono molti: nella vita di un runner vanno e vengono, ti aiutano in una fase, ma finiscono per appesantirti il lavoro in un' altra. Sarò tranchant: la mia esperienza felice di 10 anni di ultramaratona, mi ha insegnato che non sempre è necessario avere una guida. Una persona più esperta può affiancarci nel nostro percorso di crescita sportiva in determinati momenti, quando per esempio capita un infortunio, o serve un consiglio su come allenarsi o alimentarsi, ma il processo di crescita è così dinamico, così mutevole e sorprendente, da rendere quel consiglio presto obsoleto, ove non addirittura controproducente. I soli insegnamenti che resteranno sempre utili, per sempre veri, sono quelli che avremo appreso da soli, con la nostra personale esperienza, con il nostro sudore, i nostri fallimenti e i traguardi, semplicemente correndo. E saranno insegnamenti validi per noi, difficilmente trasmissibili ad altri, perché semplicemente, gli altri, non sono noi. C'è dunque un solo maestro che dovremmo avere sempre di fianco se ci avvicineremo alla corsa su lunghissime distanze, e quel maestro saremo noi stessi. E' importante quindi restare presenti a sé stessi, sentirsi, guidarsi e guarirsi, in ogni fase dell'esperienza che sarà.

Con questo atteggiamento, e con questa consapevolezza, correre lunghissime distanze e misurarsi con le ultramaratone sarà più semplice, e minori saranno i momenti nei quali, disperatamente, si cercherà un rimedio esterno a problemi che hanno solo soluzioni interne. Quando invece il rimedio dovrà arrivare necessariamente dall'esterno, e talvolta può capitare, avere una mente presente, essere maestri di noi stessi, ci farà riconoscere quel momento con lucidità, e quindi non perderemo tempo a cercare di rimediare al problema da soli.

Così, nella mia visione, l'esperienza che avremo accumulato indipendentemente dai risultati agonistici, sarà un'esperienza piena, di valore, probabilmente felice. E, perché no, con il tempo potrebbero portare anche a risultati sportivi di tutto rispetto. Ma questo aspetto è solo marginale, un possibile scenario.

Dunque ho il dovere di dichiararlo: chi riservasse sin da subito ambizioni di risultato agonistico in gare su distanze così lunghe, probabilmente perderà il suo tempo leggendo queste pagine; esistono sicuramente alcuni manuali e persone esperte molto più adatte a questa finalità. Qui vorrei parlare di corsa come esperienza piena, trascendentale, completa, dove spirito, mente e corpo sanno di "faticare" insieme, traendone beneficio.

Perché si corrono lunghissime distanze? Questo quesito non ha una risposta, perché è una domanda sostanzialmente tautologica. Il perché è infatti contenuto nella frase stessa, e chi andrà avanti nella lettura capirà cosa intendo dire. Solo chi ha sperimentato sulle sue gambe cosa significa correre lunghissime distanze, sa bene che non serve un perché, non c'è uno scopo. Ciò che succede mentre si corre per ore, quando via via ci si spoglia degli strati in esubero del proprio corpo e della propria mente, e si sperimenta un livello di presenza nella realtà più netto e consapevole, è impossibile da spiegare con il linguaggio. Pertanto, per chi non avesse mai provato a correre per ore ed ore senza fermarsi, questo è un chiaro invito a nozze: non si possono trovare risposte o spiegazioni esaurienti in giro, bisogna sperimentare su sé stessi questa condizione speciale. Corriamo, corriamo, e solo allora quella domanda avrà una risposta.

"CHI HA SPERIMENTATO SULLE SUE GAMBE COSA SIGNIFICA CORRERE LUNGHISSIME DISTANZE, SA BENE CHE NON SERVE UN PERCHÉ, NON C'È UNO SCOPO"

Dopo aver accumulato qualche esperienza sulla strada, naturalmente, possono sopraggiungere altri obiettivi e la voglia di cimentarsi in sfide nuove, ma il motivo di fondo è e resta sempre lo stesso: si corrono lunghissime distanze, e ci si sente pieni, vivi, consapevoli. E di solito, se lo si è fatto una prima volta, non si può non volerlo fare ancora, e ancora.

Quali obiettivi ci si deve porre? Le corse libere e le competizioni di ultramaratona su strada in giro per il mondo di cui parliamo in questo manuale, vanno dalle 100 miglia in sù. 100 miglia equivalgono a 160 chilometri, e si può salire anche di molto: su queste distanze, misurarsi, competere e rispettare tabelle, è un livello di pratica estremamente avanzato, che personalmente non ho mai raggiunto. Ho conosciuto 3 o 4 persone, in tutta la mia vita da ultramaratoneta, in grado di fissare obiettivi concreti in gare simili, e rispettare andature, tabelle, diete precise al grammo, tempi finali, e non possono nascondere che, sul momento, ne ho subito il fascino. Ma per un comune mortale come il sottoscritto, lungo il percorso si scopre che il modo più di correre certe distanze, passa attraverso altri obiettivi, che proveremo a sviscerare.

L'interesse che si sta sviluppando nel mondo della corsa, ha avvicinato moltissime persone a questo sport, ed ha alzato il livello di competitività media sulle gare di fondo, in particolare la maratona che resta la regina delle distanze; ultimamente anche la 100 chilometri ha guadagnato interesse, e numerose gare sono sorte nel panorama internazionale. A questi segmenti si sta dedicando l'attenzione di alcuni studiosi e la stesura di vari volumi specializzati, e i risultati si vedono ogni domenica nelle competizioni nazionali ed internazionali; ma, quando la distanza si allunga, in particolare dalle 100 miglia in poi, gli schemi saltano, e i piani vanno messi da parte. Quindi, a meno che voi non siate Aleksandr Sorokin, recente primatista mondiale delle 24 ore di corsa su strada, macinate senza soluzione di continuo a 4:39 min/km, parlare di obiettivi di performance per i principianti di questa disciplina, non è plausibile. E non è nemmeno consigliabile.

Misurarsi con il ritmo a queste distanze è difficilissimo, e spesso finisce per essere frustrante. Molto più intrigante, a mio avviso, è provare a misurarsi giorno dopo giorno, mese dopo mese, con l'allungamento delle distanze percorse senza tener conto scientificamente del ritmo, e con il livello di benessere al termine dell'allenamento. Molto divertente è scoprire anche, con l'avanzare del tempo, che i propri limiti si spostano sempre più avanti, regalandoci il privilegio di sperimentare nuove distanze, nuovi tracciati, nuove sensazioni che poco hanno a che vedere con la competizione. Inoltre è così liberatorio constatare quanto poco servano i calcoli, l'equipaggiamento e l'aiuto dei fattori esterni per portare a termine corse su lunghissime distanze, che difficilmente, una volta portatane a termine una, se ne potrà poi fare a meno.

Per questi motivi, molti tra coloro che si sono appassionati alla corsa su lunghissima distanza, con gli anni perdono interesse per le gare, preferendo di gran lunga l'allenamento, la corsa libera, spesso in solitaria ed in aree isolate, per cimentarsi in lunghe giornate di dialogo con la strada. Questa evoluzione, che a molte persone sembra alienante, è pienamente comprensibile solo se si è fatta esperienza diretta di cosa possono comportare quei momenti.

Nella visione che propongo in questo manuale, proverò con risultati prevedibilmente scarsi a trasmettere un po' di questa esperienza felice. Quindi, che vi sentiate convinti dalle pagine che seguiranno oppure no, fatevi almeno una volta questo regalo: uscite a correre e tornate a casa molto molto tardi.

VIA JAKOBI

Novembre 2020. Siamo di nuovo in piena emergenza Coronavirus, zona rossa. Mi ritrovo con 10 giorni di ferie da spendere, stanco di lavoro ma in ripresa con la corsa, dopo un'estate di deprimente flessione psicofisica, a seguito dell'annullamento di Badwater 135, per la quale mi ero duramente allenato. Ho bisogno di correre, e ritrovare l'entusiasmo dell'avventura verso nuove strade, senza pensare. Così studio le opzioni, e con le restrizioni internazionali e le mie esigenze di runner indipendente, restringo il campo e, infine, la meta che scelgo è la Svizzera: voglio correre lungo il Cammino Svizzero di San Giacomo, altrimenti detto Via Jakobi.

7 giorni, 420 Km, fanno circa 60 km al giorno. Così attraverserò la Svizzera correndo, dal Lago di Costanza che è il confine con la Germania, a Ginevra sul confine con la Francia. Ho già fatto una simile esperienza altrove: basta uno zainetto con un cambio, due barrette e qualche bustina di sali, una borraccia, un telefono con il caricatore per la cartografia, le

cuffie per ascoltare un po' di musica e storie, una bustina di plastica come beauty case per l'igiene essenziale, una torcia.

Dopo un bacio a Silvia e il viaggio verso la Svizzera, parcheggio la macchina a Rorschach nel pomeriggio, e confidando nel bel tempo indosso scarpe e indumenti lunghi; mi metto lo zainetto in spalla, e parto subito. Andatura lenta, ritmo costante, poco o nessun ragionamento, solo una prenotazione d'albergo per la prima notte. Da lì, il percorso si snoda per 7 indimenticabili giorni lungo le strade elvetiche, nelle regioni di San Gallo, Lago di Zurigo, Lago di Lucerna, Brienz, Thun e Friburgo, per concludersi costeggiando il lungo Lago Lemano da Losanna fino a Ginevra. Sembra poesia d'avanspettacolo, ma è realtà: quando decidi con molta serietà di metterti in avventure simili, il destino ti aiuta sempre, e si inventa giornate spettacolari di limpido sole invernale, che si staglia tra le foreste in foliage e le montagne appena imbiancate in cima; sole interrotto da una fine pioggerella fredda solo l'ultimo giorno, poco prima dell'arrivo a Ginevra, quando ormai i giochi erano fatti. Montagne, laghi, cieli tersi, uccellini, qualche escursionista silenzioso, tutto lì solo per me. E poi la corsa, fluida, indolore, ripetitiva, respirata, efficace, verso strade ignote. Sentirsi pienamente presenti nella realtà non potrebbe essere più facile. Talvolta intere ore senza stop, talaltra una merenda in un rifugio, una camminata attraversando il centro del villaggio di montagna; nessun cronometro, nessuna tabella, solo una strada e un punto di arrivo, possibilmente con la luce del giorno.

Al mio arrivo a Ginevra, ad aspettarmi c'è una camera d'hotel ipertecnologica di un luogo chiamato CitizenM, prenotato mezz'ora prima di arrivare, il giusto regalo di conforto dopo la lunga fatica spartana.

Ho amato ogni singolo momento di quel viaggio itinerante, e ancor di più la sua fiducia nella natura, nel clima, nei percorsi, nella gente incontrata. Ho amato ancor di più la zuppa di patate preparatami da una signora gentile a Rueggisberg, praticamente in mezzo al nulla; la prima cena il venerdì sera, vestito da runner in un locale trendy di San Gallo, i podcast di "TED en espanol" ascoltati per giorni e giorni, innumerevoli mucche al pascolo, la tanta agognata birra bevuta sul lago di Brienz, le frecce gialle che mi indicavano sempre il percorso. Se avessi avuto con me un programma, un cronometro, delle tabelle, delle prenotazioni fisse, una dieta prestabilita, nulla di tutto ciò si sarebbe presentato con tanta leggerezza e naturalezza. Invece, aver approcciato questa avventura facendomi guidare passo passo da un sentire silenzioso, ha reso il tutto perfetto. Il ricordo della Svizzera non potrebbe essere più magico, dopo averla attraversata tutta correndo.

Correre lunghissime distanze

1.
APPROCCIARE LA STRADA

"Non puoi viaggiare su una strada senza essere tu stesso la strada". *Buddha*

Nell'avvicinamento ad una disciplina sportiva, è normale informarsi e approfondirne l'aspetto teorico, per poi buttarsi nella pratica. Perciò, probabilmente, avete in mano questo libro.

Posso tranquillizzarvi? Non dovrete perdere troppo tempo ad approfondire l'argomento: quasi tutto ciò che studierete, ascolterete, imparerete circa la corsa su lunghissime distanze, si rivelerà superfluo. Non ho la presunzione di pensare che tutto ciò che si può leggere in materia vi sarà inutile, non mi permetterei; posso però scommettere con una certa sicurezza che saranno nozioni non fondamentali, che non aggiungeranno nulla rispetto a quanto vi serve davvero: la vostra guida interiore. Estenderei questa qualità negativa anche alle righe che io stesso sto scrivendo, perché, e lo sperimenterete, ciò che servirà a voi sarà probabilmente diverso da ciò che vi racconto io.

Dunque, potrei terminare questo volume anche ora. Ma sarei precipitoso; dovrei almeno condividere con chi legge un semplicissima serie di suggerimenti, che infondo sottende tutto il contenuto di questo libro: approcciate la strada con la giusta intenzione, allungate la distanza percorsa un po' alla volta, cercate sempre di essere mentalmente presenti durante la vostra uscita, e questo vi darà serenità. Sono indicazioni talmente sommarie, in un volume che aspira a dire la sua sulla corsa, da risultare probabilmente fastidiose al lettore "tecnico": ma vi invito a non sottovalutarne la "scientificità". Infatti, se fare scienza significa fare esperienza, accumulare dati e stabilire delle regole di comportamento, allora intenzione, distanza e serenità sono gli unici "parametri" che personalmente considero imprescindibili, e dei quali è possibile fare una scienza della corsa su lunghissime distanze.

Intenzione: correre per ore ed ore, a volte per giorni, presuppone un click, una motivazione giusta e seria, che resti stabile nel tempo. Fare dunque un esame delle priorità della propria esistenza e capire se si è davvero intenzionati a dedicare tanto tempo a questa attività, è un passo necessario. Darsi una risposta onesta, al netto degli impegni che la vita impone, dei propri margini di libertà e di tolleranza alla fatica, predisponendosi alla probabile assenza di soddisfazioni tangibili per un tempo piuttosto lungo: questa è una condizione di partenza da soddisfare. In caso affermativo, siete pronti a iniziare, a non mollare quando si farà dura e nessuno sarà lì a congratularsi con voi, a raccogliere il valore che questo sport può darvi. Solo voi, internamente, potete trovare la giusta intenzione. Non credo vada cercata a lungo, perché o c'è, e si mostrerà palese, oppure non c'è, e lo capirete alle prime uscite.

Distanza: si possono dimenticare quasi tutti i parametri che normalmente si utilizzano nel preparare la corsa in generale, nelle distanze consuete dalla pista al fondo. Qui, semmai, l'unico numero che conta è quello dei chilometri percorsi in strada. Ci si occuperà solo in seguito dei tempi e, in qualche caso, delle calorie; per lungo tempo, forse per sempre, basterà sapere quanti chilometri si sono corsi, si stanno correndo, si vorrebbero correre. Proseguendo la preparazione, si osserverà con stupore che le capacità del nostro corpo sono strabilianti; in modo progressivo e consapevole, se sarete voi stessi a guidarvi, vi troverete a correre distanze sempre più lunghe, facendo sempre meno fatica. Basando i vostri allenamenti su quanti chilometri voi stessi vi sentite di fare quel giorno, quella settimana, quel mese, non dovrete controllare altro se non la vostra guida interiore, che vi dirà se è giusto, se è poco, o se è troppo. Non ci sarà nessun allenatore a dirvi quanti chilometri prevede la vostra tabella settimanale, e comincerete con ciò a sperimentare quel livello di libertà che predispone a ben più interessanti avventure, oltre la competizione.

Presenza mentale: praticate presenza mentale durante la vostra corsa. Cercate di essere consapevoli del momento, del luogo, di voi stessi e del vostro gesto fisico; la scomparsa di tabelle e di allenatori, il venir meno del cronometro, la bellezza della strada e del gesto fluido della corsa a velocità moderata, vi aiuteranno a raggiungere una condizione di stabilità e ripetitività, come un mantra; questa alchimia di fattori, di solito porta serenità nel gesto della corsa, e finisce per portarlo nella vita stessa. Questa condizione non è certo definitiva, come nulla lo è nella vita, ma se reiteratamente raggiunta grazie alla corsa, finirà inevitabilmente per ripercuotersi con favore sulla quotidianità, e la si ricercherà ancora. Non c'è una misura matematica, né un maestro in grado di valorizzare o giudicare questo vostro stato, sarà la vostra guida interiore a dirvi se la corsa vi sta dando serenità, oppure se vi sta stressando come un lavoro snervante. Sapersi ascoltare aiuterà a regolare il gesto in modo da renderlo più gradevole, e dunque, più adeguato ad essere portato avanti con la giusta serenità d'animo. Se non dovesse essere così, nessuno vi obbliga a correre così tanto, e non dovreste farlo nemmeno voi stessi.

Abbandonare cronometri e tabelle

Ogni runner che si rispetti, nel 2021, non farebbe mai a meno del suo cronometro smart di ultima generazione, con altimetro e cardiofrequenzimetro. E alla partenza delle maratone è normale vedere tutti armeggiare nei propri "Garmin" per tarare il GPS. Molti degli ultramaratoneti più scafati, invece, ne fanno un uso molto limitato, usandolo solo per la distanza complessiva e, al limite, l'altimetria, non invece per il mantenimento dei ritmi. Io, personalmente, non ne ho mai comprato uno. Qualche anno fa una amica runner, che ne stava acquistando uno nuovo, mi ha proposto in prova il suo vecchio crono: vi confesso che dopo pochi giorni di utilizzo, ho avvertito una certa dipendenza dall'oggetto che distoglieva la mia attenzione dal gesto della corsa. E' come se ad un certo punto, quell'oggetto così preciso e invadente, mi osservasse per dirmi "Hey, stai rallentando" oppure "Amico, rallenta". Insomma, tutti messaggi che, tolto il caso della performance agonistica, non sono molto utili a chi intende correre per più di 3-4 ore in filata. Peraltro, spesso l'autonomia energetica di questi apparecchi non supera le 5 ore, rendendo l'utilizzo davvero complicato in caso di uscite molto lunghe. In aggiunta, il download degli aggiornamenti software, la revisione dei dati su computer, la ricarica quotidiana alla presa elettrica, tutte pratiche che si rendono necessarie a chi utilizza i cronometri, sono esercizi di ridondanza, e infine distrazioni, rispetto all'unico vero interesse che conta per chi corre lunghissime distanze, ossia correre.

Si può facilmente sperimentare come la pulizia della corsa da tutto ciò che non è essenziale, aiuti a focalizzarsi sul gesto tecnico nei suoi aspetti fisici e mentali, rendendo ogni uscita un'esperienza unica, potenzialmente illuminante. Il prevalere dello spirito agonistico, contro sé o contro gli altri, che spesso si vive nelle corse di distanza più breve, di solito allontana da questa pulizia, perché costringe a ragionare su numeri e ad effettuare confronti continui, previsioni, giudizi. Non intendo dire che ciò sia un male, anzi, è uno dei fondamenti dello sport competitivo e della sua spettacolarità: ma, per chi intende correre lunghissime distanze è una prospettiva da allontanare, o la serenità nel praticare la corsa, che avremo saputo costruire e che ci starà dando i suoi benefici, andrà incontro a un rapido esaurimento.

Darsi tempo e gradualità

La scelta di dedicarsi a questa disciplina non significa che dopo pochi giorni di pratica si possono correre 80 km di strada in una singola uscita. Come e più di quanto si applichi alle maratone, il principio della gradualità deve guidare la pratica. Per di più, mettere in conto una curva di apprendimento con un tempo piuttosto lungo, è doveroso ed anche piuttosto rasserenante.

Se si pensa di poter raggiungere una certa distanza in tempi prestabiliti, specie se troppo ravvicinati, ci si ritroverà facilmente avvolti in una spirale di doveri e imposizioni che poco hanno a che fare con il piacere di correre, e quindi prevarrà un senso di frustrazione per la mole di lavoro magari troppo importante, e senso di colpa qualora si dovesse fallire l'end point, prospettiva alquanto probabile. Perciò, sempre privi di tabelle e armati di tanta, tantissima pazienza, mettersi a correre con lentezza e osservare la propria progressione atletica con rispetto e gratitudine, porta ad acquisizioni molto più stabili e durature.

Altro aspetto da non sottovalutare di una pratica con una progressività lenta che rispetta i tempi del proprio corpo, è quello degli infortuni. Moltissimi runner, anche esperti e molto preparati tecnicamente, sono spesso ai box per infortuni o dolori muscolari e articolari. Questo è quasi sempre riconducibile, direttamente o indirettamente, alla richiesta di rendimento esagerato a cui sottopongono il loro apparato muscolo-scheletrico, senza dargli il tempo dell'adattamento naturale; viaggiando a ritmi troppo alti, raggiunti troppo in fretta, anche il migliore dei telai finirà per avere problemi.

Applicarsi nella corsa a velocità moderata, dopo giorni, mesi e anni di pratica, renderà gli infortuni molto meno probabili, ed i risentimenti muscolari in genere solo un lontano ricordo. L'esperienza di molti ultramaratoneti che si sono dati alla corsa su lunghissima distanza, dopo una vita di maratone o mezzofondo, lo può confermare: gli infortuni, a dispetto di ciò che si potrebbe ipotizzare, quasi spariscono. Chi effettua la transizione in senso opposto, e accelera bruscamente il suo passo dopo una vita di corsa moderata, pur finendo per correre molti chilometri in meno di prima, sperimenta di solito antipatici acciacchi ed infortuni.

Gradualità significa in sostanza darsi un ritmo che sia molto facile e adatto a voi in quel momento, mantenerlo per i soliti chilometri quotidiani, anche se sembra eccessivamente lento, e quindi scegliere volutamente di aumentare il chilometraggio solo quando la distanza percorsa è tale da non procurarvi alcun disturbo durante e dopo la corsa. La distanza aumenterà progressivamente in modo naturale. Ecco tutto.

Certamente questa gradualità, nella pratica, non è uguale per tutti. Qualcuno impiegherà un anno per raggiungere distanze considerevoli, ad altri potrebbero servirne anche 4: sarà la vostra guida interiore a dirvi qual'è la progressione giusta. E ancora una volta, se la avrete ascoltata con attenzione, sarà stata sufficiente, e non avrete avuto bisogno di preparatori tecnici, fisioterapisti, ecografisti, guru.

Diffidare dagli "specialisti"

La passione diffusa per la corsa sta generando un mondo di addetti ai lavori che propongono i più disparati servizi agli sportivi. Come detto, tutto ciò che si può applicare alla corsa su distanze "normali", e che lì può rivelarsi utile, anche se mai indispensabile, non si applica con la stessa efficacia alla corsa su lunghissima distanza. L'esperienza insegna che dopo la distanza dei 100 km, e in particolare dopo le 100 miglia, gli schemi saltano e il ruolo degli "specialisti" diventa superfluo, ove non addirittura ingombrante. Se c'è la giusta intenzione a procedere, non è necessario seguire le opinioni di nessuno che non sia la vostra guida interiore.

Non mi fraintendete: il ricorso a esperti può comunque avere senso se qualcosa si inceppa dopo essersi applicati a lungo a risolvere un problema, oppure se ci si infortuna seriamente. In questi casi, il consiglio, anche da Medico, è di non rivolgersi a più di un centro o di un consulente per volta. E' facile, se si instaura un problema serio e prolungato, farsi prendere dalla smania di risolverlo, e voler trovare la soluzione in tempi brevi. Se succede, tuttavia, è perché qualche equilibrio nel vostro corpo si è interrotto, e il fattore tempo è determinante per un recupero ottimale. Forzare le soluzioni agli infortuni o ai disturbi vari, facendo la collezione di esami, visite, pratiche terapeutiche convenzionali o alternative, consulti vari, può rendere molto stressante l'esperienza dello stop che, invece, probabilmente è solo la spia di un corpo che vi sta dicendo: "Stop". Rilassarsi, respirare, non correre per un po', trattarsi bene, sono le prime cose da fare. Passato qualche giorno, se il problema resta aperto, o anche prima se si tratta di un infortunio significativo, rivolgersi ad una persona esperta in diagnosi e terapie della patologia del podista, è la cosa da fare. Generalmente queste persone non sono Medici, più spesso si tratta di fisioterapisti o allenatori; quando invece ci sono lesioni organiche da gestire o il sospetto di esse, il ricorso alla figura del Medico diventa imprescindibile.

"SI VEDONO ATLETI DALLA POSSENTE MUSCOLATURA O DAL PROFILO AFFILATO, ARRANCARE MOLTO PIÙ DI PERSONE DALLA CORPORATURA NORMALE, QUANDO LA DISTANZA SI ALLUNGA OLTRE I 100 KM"

Al netto di tutte le considerazioni già fatte, con una buona gestione della routine e delle eventuali situazioni emergenti, il bisogno di avvalersi di una consulenza Medica può anche non verificarsi mai nell'intera vita di un podista amatore, o comunque restare un evento eccezionale. Se invece considereremo innaturale e sempre minaccioso ogni acciacco, ogni infortunio lieve, od ogni stato d'animo alterato, ecco che il ricorso alla Medicina, sia con strumenti diagnostici o con terapie, diventerà una parte della nostra vita di runner. Riguardo a quale di questi due destini un podista è destinato a percorrere, come dimostrano molte esperienze, a fare la differenza è l'atteggiamento mentale della persona, molto più del patrimonio fisico di cui è dotata.

Il mondo degli "specialisti" della corsa è uno zoo altamente variegato e ricco di fauna, e ci si trova di tutto. Dalle scarpe più innovative e studiate, al superfood creato specificamente dai ricercatori, all'app per tenere archiviati i propri risultati; oppure l'esperto che vi propone la sua tabella, o il terapista che conosce le creme perfette per muscolature affaticate, o persino indumenti magnetici in grado di supportare lo sforzo al posto nostro; non mancano molti Medici che sfruttano le loro indubbie capacità diagnostiche per "offrire" proposte di esami anche a chi non ne ha proprio necessità.

Tenere lontane le lusinghe di chi propone un servizio o un prodotto per "migliorare" la vostra pratica della corsa su queste distanze senza conoscervi a fondo, è un'altro allenamento da tenere in conto. Sarà forse difficile averlo bene in mente all'inizio, ma diventerà una tendenza naturale con il passare del tempo e l'accumulo dell'esperienza. E questo succederà specialmente se darete continuità alla vostra corsa, perché di cure non ne avrete alcun bisogno. La corsa diventerà la vostra stessa medicina, e praticandola consapevolmente sarete in grado di modularla come se fosse una ricetta farmacologica adatta al vostro specifico bisogno, in ogni momento della vostra vita. Talvolta di più, talvolta di meno, ora più intensa, ora molto più lenta, se in compagnia, se in solitudine, abbinata a una dieta poderosa oppure al digiuno: la corsa si presterà, a chi ne conosce le implicazioni innumerevoli per la nostra salute, ad essere modulata in tantissimi modi per farci da vera e propria "medicina".

I rimedi proposti da altri, invece, ed in particolare quando si tratta di rimediare a disturbi minori o semplici squilibri, sono sempre manchevoli della piena conoscenza di ciò che eccede o ciò che manca all'individuo in quel momento; finiscono quindi per essere quasi sempre rimedi grossolani, standardizzati, non utili.

In sostanza, è illogico pensare che si possa ingannare il proprio corpo, agendo con fattori esterni per correggere troppo in fretta un disturbo, oppure tentando di ridurre il sacrificio fisico e mentale che questa disciplina impone, tramite l'uso di questo o quell'altro presidio; non c'è via di scampo, l'ultramaratona rende onesti tutti quanti sin dalle prime battute. E solo attraverso l'onestà con sé stessi e con gli altri, si ottengono risultati duraturi e si può avere una esperienza di corsa felice.

Non aspettarsi nulla di speciale

Pratichiamo sport perché ci gratifica e ci aiuta a mantenere la salute e la forma fisica. In alcuni casi, lo pratichiamo per la buona compagnia o per competere a livello agonistico e trarne prestigio e riconoscimenti. Tutte queste forme di appagamento sono motori fenomenali per migliorare la pratica sportiva, ma stentano ad essere un incentivo giusto nella corsa su strada su lunghissime distanze. Questa disciplina, infatti, ha delle peculiarità. Poche persone sono in grado di correre normalmente per più di 15 km, quindi tendenzialmente riuscire ad allenarsi in compagnia è difficile man mano che aumenta la distanza percorsa. Chi corre per molte ore coprendo distanze sopra la maratona, poi, finirà quasi sempre per correre in solitaria. E l'aspettativa eventuale di avere dei compagni è spesso disattesa.

Ma correre da soli, seppur possa sembrare un disagio, in effetti risulta essere sia un mezzo che un fine molto preziosi. Un mezzo, perché solo correndo molto tempo in solitaria ci si può accordare facilmente con la propria guida interiore, silenziando i fattori esterni ed entrando in un stato più adatto a coprire certe distanze; un fine, perché progredendo in questo percorso, ci si innamorerà facilmente del correre da soli per lunghe giornate, finendo per preferirlo alla corsa in compagnia. Ovviamente, nulla vieta la corsa in gruppi piccoli o numerosi, ma certamente sarebbe difficile pensare a più di 2-3 persone in grado di mantenere lo stesso passo, per distanze così lunghe. Un altro aspetto da considerare: quando si corre in compagnia, almeno inizialmente, ci si incentiva a vicenda dando ritmo e leggerezza al gesto, ma dopo molti chilometri questo aiuto può trasformarsi in un ostacolo, una distrazione netta dai segnali del corpo e della mente, gli unici in grado di darci un costante feedback di come stiamo e come regolare il passo. Quindi è meglio non farsi aspettative di divertimento in gruppo, e preferire lo sforzo di partire da soli, quando si approccia la strada con quella particolare intenzione.

Sul mantenere il corpo in salute come obiettivo connesso alla pratica sportiva, da "profani" è legittimo pensare che la corsa su lunghissime distanze sortisca effetti negativi sul corpo umano. Le lunghe uscite, le esposizioni climatiche prolungate, saltare i pasti, l'usura dei piedi: sembrano di primo acchito tutte condizioni che consumano perniciosamente l'organismo. Quando se ne fa esperienza diretta, invece, ci si accorge che anche una pratica intensa, se sintonizzata con la propria guida interiore e attenta a tutte le spie che essa è in grado di accendere appena qualcosa non va, non è dannosa per la salute. Allo stesso tempo, non ci si devono attendere grandi benefici dal punto di vista della forma fisica e dell'estetica corporea: è esperienza comune partecipare a gare di ultramaratona dove i partecipanti spesso somigliano più ad impiegati di banca che ad atleti internazionali; eppure, per quanto possa sembrare controverso, si vedono atleti dalla possente muscolatura o dal profilo affilato, arrancare molto più di persone dalla corporatura normale quando la distanza si allunga oltre i 100 km. Il fatto, lampante alla prima vista, sottende in realtà il prezioso lavoro che il nostro allenamento svolge dentro le cellule, dove le centrali energetiche del corpo, poste sotto il giusto sforzo prolungato, imparano un lavoro di altissimo rendimento, senza costare e senza donare nulla di iperbolico alle cellule stesse. In definitiva, correre lunghissime distanze non ha effetti speciali visibili sul corpo di un essere umano, ma sortisce benefici tenuti segreti all'interno di esso. Sono benefici decisamente più funzionali che anatomici; sono elementi di informatività e di efficienza che le nostre cellule e gli organi stessi imparano a far loro grazie allo sforzo reiterato, e restituiscono all'atleta nel lungo termine: il lavoro non paga dunque in modo plateale, ma lo fa attraverso una preziosa manifestazione di salute fisica, mentale e spirituale, che molti runner di lunga data hanno conservato anche dopo aver smesso di correre, fino all'età avanzata. Tutto ciò induce a pensare che correre lunghissime distanze, infondo, è qualcosa di molto connaturato al nostro essere animali, qualcosa che ci fa stare bene. Qualcosa di non speciale.

Analogamente, la scelta di dedicarsi a questa disciplina per raggiungere prestigio sportivo e riconoscimenti vari, si scontra con la realtà nuda e cruda: attorno all'ultramaratona non c'è un vero interesse di massa, quindi non esiste un indotto economico. Le gare, anche le più prestigiose, sono eventi dove il premio è sostanzialmente la gloria che si vive personalmente, più qualche stretta di mano e il rispetto di alcuni. Ad altri, persino, può sembrare che chi pratica questa disciplina sia affetto da disturbi psichici o antisociali, e questo non premia certo gli sforzi. Persino dentro il mondo della corsa in generale, chi pratica ultramaratone può essere giudicato in modo poco lusinghiero: molti pensano che ci si dia alle lunghe distanze perché si è lenti sul breve, o perché infondo si sfoga così qualche tara psicopatologica. Non che per gli ultramaratoneti questo sia un problema, anzi, molti preferiscono questa disciplina proprio per la sua cornice da outsider, mai alla moda, sempre di basso profilo, o comunque giammai agli onori della cronaca sportiva. E' lì, che il riconoscimento vero, quello interiore, può emergere intatto, depurato da tutti gli onori più o meno decorativi che possono giungere dall'esterno.

Si può adorare uno sport per questo motivo, come succede a tanti, senza aspettarsi nulla di speciale e di immediato in cambio. Tuttavia, chi ha costanza verrà ripagato: come accade proprio nelle arti più silenti e pazienti, qualcosa di speciale c'è, ma è molto nascosto e va ricercato e scoperto. Con il tempo, la pratica assidua e solitaria sulla strada, e con le prime gare, ci si può accorgere se questa arte e questa ricerca sono giuste per noi.

100 MIGLIA DEL MURO DI BERLINO

E' il mese di agosto del 2019 e sono reduce da una buona esperienza alla Nove Colli Running, sto correndo molto e sono piuttosto in forma, nonostante un inverno psicologicamente duro. Così colgo la palla al balzo, e decido un po' all'ultimo di partecipare alla 100 miglia del Muro di Berlino, una gara ormai mitica, dal sapore di rievocazione storica.

La città è la mia capitale preferita, e l'atmosfera di agosto, quando molti berlinesi se ne vanno, la rende ancor più affascinante. Il percorso si snoda sul perimetro del fu muro di Berlino, ed è studiato per rievocare eventi e persone che sono stati inscritti sui libri di quella triste vicenda storica.

Si parte alle 6 di mattina, con il buio, dal centro di Berlino; poi si gira attorno alla città prendendola molto larga, tra boschi, laghi a non finire, villaggi splendidi e stradelli perfetti, incontrando qualche lapide o monumento, e qualche residuo del Muro; si fa infine ritorno in centro, attraversando Kreuzberg e Brandeburgo in pieno sabato sera, tra migliaia di persone e un'atmosfera unica, per chiudere il cerchio.

Siamo circa 600 ai nastri di partenza, di cui 20 italiani, e la mia gara parte subito gagliarda. Mi sento bene, l'approccio alla strada è quello giusto. Riesco a sentire buono il respiro, fluida la gamba, e l'aria attorno è perfettamente fresca. Più avanti la mia corsa si affianca a quella di un'altra italiana in gara, un'amica, una persona fuori dal comune, Eleonora Rachele Corradini. Sta correndo fortissimo, oggi è la runner italiana più forte su lunghe distanze; quest'estate ha già vinto svariate gare a ore, tagliando anche il traguardo della Nove Colli Running. Correre con lei qui è un gusto, ma il suo passo è veramente incontenibile. Provo a stare ancora con lei, siamo in quarta posizione; lei prova a trascinarmi, ma attorno al km 90, sotto il sole, sento il respiro perdere regolarità, un fischio nelle orecchie e un po' di debolezza nelle gambe, e la serenità di quella mattina che sta svanendo.

Che fare...riuscire a stare lì sarebbe garanzia di regolarità del passo, di risultato. Ma sarebbe il mio passo? Il mio risultato? A volte ci tocca ingoiare qualche boccone amaro, sacrificare anche il piacere e l'ambizione di vivere momenti di gloria. E si, se si vuol portare a casa un traguardo, prima bisogna fare i conti con la strada. E farli onestamente, senza ingannare, che alla fine ci si inganna da soli.

Così saluto Eleonora, che non rivedrò più fino al traguardo. Rallento, cammino per qualche minuto, ritrovo il respiro giusto e mangio qualcosa al ristoro. La ripartenza è sempre difficile, ma mi piace vederla come un lavoro lento e preciso di cesellatura, per far uscire fuori un lavoro coerente, ben fatto. Qualche minuto di corsa ponderata, lentissima, e il passo ritorna, il respiro rientra; ricomincio a correre sul serio. Da lì al finale, sarà una gara bellissima, diversa dalla prima parte, più difficile ma ancor più emozionante. Al traguardo mi scoprirò 13esimo, con Eleonora 3a assoluta, a scrivere il suo nome nel record femminile di sempre della competizione.

La felicità di aver condiviso quando era il tempo, con la consapevolezza di aver dato ascolto alla mia guida interiore quando era necessario. Un buon mix, per un buon risultato. Si può morire e rinascere nella corsa su lunghissima distanza, ma non si può mai smettere di essere onesti con la strada.

Correrre lunghissime distanze

2.
ALLENARE LO SPIRITO

"La povertà di beni può essere curata facilmente; quella di spirito è incurabile". Michel de Montaigne

In questo capitolo vi propongo la mia visione dell'allenamento per la corsa su lunghissima distanza. Come si evince dal titolo è una visione particolare: si allena il corpo, si lavora per migliorare la performance, si, ma il principale protagonista di questo lavoro è lo spirito.

Lo spirito è quella disposizione dell'animo che vitalizza tutto il corpo, tanto che nella medicina antica era considerato qualcosa di corporeo, materiale. Ma qualunque cosa esso sia, noi non saremo mai in grado di correre lunghissime distanze se non tireremo fuori lo spirito. Se ne sta dentro di noi, dormiente, inoperoso; ma, allenandosi seriamente, si scopre che ne abbiamo una dote infinita, e che quando può sgorga fuori gratuito e potente, facendo fare al nostro corpo ed alla nostra mente cose apparentemente impossibili. Parlare di allenamento, allora, diventa un piacere, e non si ha più la sensazione di sopportare una sorta di addestramento militare. Quindi, all'opera.

Il rito di "iniziazione"

Le molte tabelle di allenamento indicate nei testi specializzati, sono strumenti eccezionali, frutto del lavoro di persone esperte e dedicate. Se ambirete a correre una 10000 metri o una Maratona, vi porteranno al vostro grande risultato. Ma, provate a correre 200 km sotto al sole del deserto, e vi accorgerete che attenersi alle tabelle è impossibile. Quindi, facciamo un passo indietro, e invece di complicarci le cose le semplificheremo.

Iniziamo a correre per divertimento e notiamo che ci vien bene, che ci piace. Questa è la prima riga della storia di ogni podista. Tendenzialmente, in poche settimane, si giunge alla distanza media dei 10 km, magari 15 km domenicali, e sentendosi bene si prova a progredire velocizzando il ritmo; i progressi aumentano e, dopo molti mesi o alcuni anni, si riesce a correre la stessa distanza a 4:30 min/km anzichè a 5 min/km. Fantastico, la performance è migliorata in modo strabiliante.

Ecco, fermatevi, respirate. Se state leggendo questo libro avete qualche strana idea per la testa. State bene a sentire. Per le vostre prossime uscite, ho la proposta che "vi cambierà la vita": correte a 6 min/km. Correte a 6 e ascoltatevi. Tornate a correre lentamente. Ascoltate il vostro respiro, senza tentare di controllarlo. Ascoltate le sensazioni delle vostre gambe, la vostra pancia, le ossa dei piedi, le spalle.

Tutto funzionerà a meraviglia: se siete abituati a correre a ritmi "alti", correre ad un ritmo più lento sarà "una passeggiata". Tenete a freno gli istinti, e ascoltate. Niente di più facile che sentirsi gagliardi, carichi come una molla, e tentare subito allungare il passo. Ma no, non è questo il momento, non è lì, ora, il nostro focus. Domani, provate a ripercorrere la stessa strada, con lo stesso ritmo lento. Il giorno dopo fate lo stesso, ma facendo un chilometrino in più. Rientrerete a casa, di nuovo, con la sensazione di avere le gambe ancora cariche, il respiro praticamente normale. Benissimo, siamo sulla strada giusta. L'indomani, di nuovo, ripeterete, con un altro chilometro in più. Vi sembra noioso? Evidentemente non prestate la giusta attenzone: non c'è noia, in un lavoro attento ai dettagli più fini, ai cambiamenti più sottili; sentire ogni fibra muscolare che lavora in armonia, sentire il respiro fluido, sentire i visceri che si muovono senza dolore, sentire la schiena dritta e "aperta". Poi, per esempio, potreste scoprire che dopo il 15esimo chilometro potrebbe attivarsi una sensazione nuova nei piedi, oppure un respiro che "rompe" verso una profondità maggiore, o la testa che smette di pensare insistentemente ai problemi della giornata.

E dopo il 20esimo? Stessa cosa, stesse scoperte interessanti, con maggior probabilità e con forme più variegate. E dopo il 30esimo? Di più, è praticamente certo. Correndo distanze sempre più lunghe, con la necessaria attenzione ai dettagli, si scopre un mondo di sé che non è mai emerso in superficie, e che ad ogni "scalino" che saremo in grado di salire, emergerà mostrandoci debolezze o risorse che nemmeno eravamo consci di tenere nascoste. E tutto ciò, lo potremo scoprire solo correndo. Una cosa, però, è evidente sin dalle prime uscite lunghe:

correndo a ritmi bassi, facilmente sostenibili, si riesce ad allungare la distanza senza andare subito in affanno.

A questo punto, dovremo fare uno scatto di crescita significativo. Un bel giorno, quando avremo tempo a sufficienza e ci sentiremo pronti, ci avvieremo da casa con le scarpette, due soldi e il telefono, percorrendo la stessa distanza percorsa l'ultima volta, ma attenzione attenzione: questa volta lo faremo in una sola direzione, allontanandoci da casa. A quel punto, raggiunta tale distanza, ci fermeremo, assaporeremo il gusto del "mai stato così lontano da casa" come se si fosse in viaggio in Argentina, e poi, calmi e privi di ambizioni, cominceremo a correre lenti, nella direzione opposta verso casa. Potrebbe essere utile una bevuta o un cioccolatino (ecco perché ci servivano due soldi), ma non necessariamente. Senza calcoli, senza pretese, il nostro unico obiettivo ora sarà quello di rientrare a casa in tempo per la minestra, senza l'aiuto di nessuno. E lo faremo, camminando, o, se ce la sentiremo, correndo, a velocità molto moderata, magari sempre a 6.

Succederà così, un bel giorno, che vi sarete trovati a correre improvvisamente 36 km invece dei vostri ambiti 18. E lo avrete fatto senza allenatori, auto al seguito, GPS, scorte o archibugi di varia sorta, utili, ma non necessari. Quella sera vi renderete conto di cosa sia stata per voi quella prima vera esperienza, e vi saprete dire se la corsa su lunghissima distanza può fare per voi. Pensate sia follia? Provateci, e vi accorgerete che il vostro corpo e la vostra testa sapranno tirar fuori innate e nascoste risorse di "sopravvivenza", vi porteranno a casa, e voi la sera stessa vi direte che non è stato poi così tremendo. Se vi troverete a dirvi che "è stato pazzesco", l'ultramaratona potrebbe essere la vostra buona "dipendenza" per i prossimi anni.

Ad ogni buon conto, da quel momento in poi potrà succedere di tutto; dolori vari e senso di frustrazione, di noia, vi potrebbero allontanare da questo maldestro tentativo di "sfidare voi stessi". Al contrario, un senso di normalità, di benessere, la fame quella vera che ti fa mangiare con il gusto del bambino, gli organi di senso acuti come non mai, il respiro "aperto", saranno tutti segni che quello è stato il vostro rito di iniziazione, un momento di incredibile presenza nella realtà, di ingresso in un mondo che ora sentite possibile. Il vostro spirito comincerà a ringraziarvi di averlo risvegliato ad un livello più alto, sgorgando fuori come una fonte di giovinezza; ve ne accorgerete perché il pensiero andrà immediatamente alla prossima volta. E il giorno successivo, se apprezzerete quel normalissimo senso di affaticamento che avvolge i vostri muscoli appena alzati dal letto, la vostra risposta sarà un "Sì", e un cenno di intesa con il tizio davanti allo specchio.

Le uscite
Se intendete proseguire con la corsa su lunghissime distanze, a questo punto, non vi resta che, armati di spirito, ripetere l'esperienza

aggiungendo qualche ulteriore chilometro in più. E se anche la successiva seconda uscita avrà successo, poi così una terza, ed una quarta, dovrete cominciare a considerarvi dentro la pratica: a quel punto, bisognerà iniziare a valutare qualche altra variabile, e tenere in conto altri piccoli accorgimenti. Non dimenticate mai, tuttavia, che come prima e più di prima, l'unica cosa strettamente necessaria sarà seguire la vostra guida interiore. Per questo motivo, ai suggerimenti che vi darò, vi consiglio di dare solo una vostra personale interpretazione, e non calarli come pillole di verità, cosa che non sono affatto.

L'allenamento non è sempre uguale per intensità, naturalmente. Un periodo neutro, lontano da competizioni, non richiede particolare intensità; al contrario, a ridosso dell'evento, si segue un percorso di avvicinamento che prevede aumento del carico progressivo, picco, e poi scarico pre-gara. Immaginando quanto succede per preparare una Maratona, considerate tempi più dilatati, anche di 3-4 volte, e avrete grossomodo un modello di come vanno gestite le settimane prima di una ultramaratona. Di questo parleremo in seguito; parliamo ora dell'allenamento in periodi normali.

Ogni settimana, volendosi mantenere in condizioni di poter preparare gare di ultramaratona, oppure di potersi godere il piacere di correre su lunghissime distanze, è opportuno correre circa 100 km. Personalmente, mi regalo sempre 2 giorni senza correre durante la settimana, talvolta persino 3. Non osservando particolare regolarità né parametri, eccetto, come detto, la distanza, cerco di modellare la settimana in modo tale da coprire quei 100 km nell'arco di 4 o 5 uscite. Il ché sta a significare che, ponderando una media di 20 km a uscita, avremo un giorno da 10 km e un giorno da 30 km, oppure 2 giorni da 10 km ed uno da 40 km, ruotando attorno alla media dei 20 km a uscita. Se quella settimana, per poca voglia o per motivi contingenti di lavoro o famiglia, non avremo a disposizione più di 4 uscite, il gioco ruoterà attorno ai 25 km, quindi se oggi sono 10, domani saranno 40. Il tutto, nella mia personale visione, dovrebbe avvenire in assenza di un senso di costrizione o il timore di un giudizio, ma in totale libertà, serenità, benessere. Se la settimana appena trascorsa non vi sarà stato possibile mantenere questa regolarità, non disperate, lasciate andare il passato e gettatevi sul presente, che è l'unica cosa che conta.

Esercitare questo sforzo di regolarità, nei primi tempi, ed in una certa misura per sempre, è certo la parte faticosa del correre lunghissime distanze. Ma, evocando le nostre risorse più profonde, non ci sarà fatica, o almeno non quella fatica da evitare. Evocare queste risorse, in soldoni, significa in prima battuta, come già detto e come ripeteremo, correre sempre a passo lento, costante, ben tollerabile. Così, e solo così, si allenerà lo spirito a mostrarsi, e sarà lui in seguito a trainare i nostri sforzi oltre le nostre più rosee aspettative.

Importante sarà anche la scelta della tracciato. La strada su cui vi comincerete a mettere per diverse ore la settimana, dovrà esservi amica. E' ovvio che scegliere strade meno trafficate da veicoli, sia preferibile. Ma considerate che trovare tracciati fuori strada che siano anche lunghi a sufficienza da consentirvi di coprire 20, 30, 50, o persino 70 km, non è facile. Dunque dovrete per forza mettervi in strada, e fare attenzione ai veicoli in marcia.

Un consiglio è quello di cercare possibilmente percorsi ad anello: l'andata/ritorno può andare benissimo, ma il fascino del percorso ad anello, la chiusura del tracciato, specie allungando le distanze, dona un senso di strada percorsa molto più gratificante, una piccola versione quotidiana del viaggio che dona sempre un gusto diverso all'esperienza, talvolta un sapore quasi esotico. Se per esempio, lungo il percorso, ci si imbatte in animali, o frutti di stagione, o spettacoli del cielo vari, tornare a casa dopo un giro chiuso ad anello, sarà come aver portato a termine una piccola spedizione all'avventura. E anche questo aiuta.

In alternativa, usare la corsa per spostarsi da casa propria ad un altro luogo, come per esempio casa dei genitori, posto di lavoro, mete prestabilite, può dare all'uscita quel minimo senso di avventura che la rende più appetibile. Se si prosegue per mesi ed anni correndo centinaia di chilometri al mese, ogni piccolo espediente per mettersi in strada, può lenire lo sforzo e rafforzare la spirito, che talvolta, sommerso dalla monotonia della vita, può vacillare. Personalmente, talvolta, mi reco correndo a svolgere piccole commissioni a distanza che ho nella lista delle cose da fare, eventualmente anche da una città all'altra. In questa maniera, prendo i famosi "due piccioni con una fava", allenandomi con continuità senza perdere di vista la realtà, il mondo "là fuori". In altre occasioni, mi è capitato di raggiungere la famiglia in un luogo di piacere, che fosse al mare o in collina per il pranzo domenicale, dando loro appuntamento sul luogo, e partendo svariate ore prima per raggiungerli di corsa: il gusto è impagabile, e l'allenamento messo nelle gambe sarà tanto, di qualità, senza fatica.

E' ovvio che dopo qualche tempo i tracciati tenderanno a ripetersi; ma questo non è un male, poiché allenare una certa ripetitività è un altro elemento di grande utilità nel preparare le competizioni, e la conoscenza fine di un tracciato, consente di calcolare mentalmente i riferimenti utili, come i punti acqua. Tuttavia, per non cadere nell'eccessiva ripetitività, un certo gusto per la novità può essere esaltato tentando anche strade nuove, tagli, retrovie, trasferte. Se si sbaglia qualcosa, se si esagera con la distanza, nessun problema, anzi quale fortuna: si può varcare una nuova soglia chilometrica senza averlo programmato, nello stesso modo, lento e calmo, visto in precedenza.

Sulla difficoltà del tracciato, relativamente a superfici e pendenze, va da sé che la scelta è correlata al tipo di esperienza che si vuol fare, od al tipo di gare a cui si vorrebbe partecipare. Personalmente, mi alleno al 90% su strada asfaltata o sterrato ben battuto, come strade bianche. La corsa su sentiero tecnico, che può essere un ottimo diversivo ed un bellissimo allenamento per le articolazioni, tuttavia richiede costante variazione di gesto tecnico, e non consente l'accesso a quella particolare condizione di ripetitività senza fine che si può raggiungere correndo su un tracciato più semplice.

Quanto alle pendenze, dipende anche dal luogo in cui si vive e si corre. Una possibilità per chi ha la fortuna di poterlo fare, è alternare uscite in pianura ad uscite collinari, riservando così spazio sia al gesto più monotono della corsa piana, sia al lavoro intenso e vario che la muscolatura degli arti inferiori (ed anche superiori) deve affrontare in salita e in discesa. Inoltre, l'appagamento dato da una vista in altitudine, con tutto il rispetto per gli argini dei fiumi, è sempre un premio impagabile.

Ci vorranno mesi, forse anni, ma quando avremo raggiunto stabilmente la condizione per cui correre 100 km a settimana non è più una sfida, ma un'abitudine, saremo ancora una volta pervasi da un senso di normalità, presenza, aria pulita, benessere psico-fisico e, soprattutto, spirituale. Nessuno potrà portarci via quella condizione, che da soli ci saremo guadagnati sulla strada e che non è tangibile a nessuno al mondo, se non a noi medesimi. Saremo allora pronti per allungare ancor di più la distanza.

I "lunghi"

Riuscire a correre 20, 30 o 40 km è già di per sé fonte di benessere ed appagamento. Correre lunghissime distanze, tuttavia, significa anche gettare un ponte verso l'ignoto, alzare l'asticella, fidarsi del proprio spirito. Perché, dunque, non provare ad allungare? E come farlo?

Ebbene, ancora una volta, sarà la vostra guida interiore a suggerirvi quando raccogliere questa sfida. E per quando sarà arrivato quel giorno, potreste trovare utili questi consigli.

Il giorno che precede il vostro lungo, dovrete mangiare con gusto. Una colazione portentosa, un pranzo abbondante, una cena normale. Prediligete l'introito di cibi molto calorici, grassi o carboidrati andranno bene, e di questo parleremo in un altro momento; scegliete però alimenti che sapete essere di vostro gradimento, e facilmente digeribili. Pasta in bianco, riso in bianco, pane e marmellata; olio ed altri grassi, noci e semi; insalata e frutta per aiutare il transito intestinale. Attenzione invece alle proteine, che sono più adatte ad essere consumate nei giorni ancora precedenti, oppure dopo il lungo sforzo. L'eccesso di proteine può sovraccaricare il lavoro di fegato e reni durante un lunghissimo allenamento, limitando la vostra tolleranza al lavoro.

Quanto al bere, dipende ovviamente dalla stagione e dal clima, ma tendenzialmente è utile aumentare l'introito di liquidi nel giorno precedente il lungo di almeno un litro. La sera dovreste andare a dormire facendo l'ultima pipì "trasparente", con la pancia piena ma lo stomaco già vuoto (non coricatevi per almeno due ore dopo la cena).

L'indomani, sveglia di buon mattino e colazione normale, senza ulteriori sovraccarichi. A quel punto l'ideale sarà espletare le proprie funzioni fisiologiche e preparare lo zainetto, in cui metteremo quanto ci serve per star fuori una giornata. In breve, ci servirà: telefono, chiavi di casa, borraccia, giubbino impermeabile (in caso di pioggia), cibo calorico secco, e, se si è abituati, barrette o bustine di gel a piacere. Stop.

Un "lungo", per un ultramaratoneta, è un'uscita da 60-70 km, mentre un "lunghissimo" può arrivare ai 100 km. In relazione al periodo in cui ci si trova, alla propria sensazione, e alla gara che eventualmente si starà preparando, si sceglie la distanza giusta per l'uscita. Dopodiché si studia sommariamente il tracciato, si fa una mappa mentale dei punti acqua e degli eventuali punti di ristoro d'emergenza (bar, case, chioschi); se tutto andrà in modo normale, si farà ricorso solo alle fontane per l'approvvigionamento idrico, e ci si alimenterà con quanto portato nello zainetto. Si può partire.

Il principio è sempre il medesimo. Correndo a passo lento, regolare, si raggiunge un equilibrio simile a quello della camminata, per non dire a quello del riposo , e lo si può tollerare a lungo, molto a lungo. Le prime volte, mentalmente, l'idea di dover stare sulle gambe in strada per 7, 8, 10 ore, da soli, allontanandosi da casa, può spaventare. Ma, proseguendo il chilometraggio, arriveranno progressivamente sensazioni sempre più convincenti e difficili da spiegare a chi non è…voi.

Lì, in quella solitudine, dopo le prime 4 o 5 ore di gesto ripetitivo e silente, si comincerà a respirare la corsa su lunghissima distanza nella sua essenza pura. Si comincerà a non voler più guardare il cronometro, a non pensar più alla velocità, a non ricordarsi più delle gare, a non voler per forza un compagno di corsa, a sentirsi un unico corpo con la strada stessa. Più le ore passeranno, più i chilometri alle spalle aumenteranno, e più queste sensazioni si faranno nette, affilate, pulite.

Nel medesimo progredire, ci si sentirà spogliati di strati e strati di "vesti" inutili: i grassi corporei cominceranno a sciogliersi e con essi, soprattutto, se ne andranno disciolte nell'aria le tossine che il vostro corpo avrà accumulato nei giorni, mesi, anni precedenti. La sensazione descritta da alcuni, dopo un'esperienza molto lunga di corsa, è proprio quella degli strati sovrapposti di cui ci si sente progressivamente spogliati: ad ogni periodo, che può variare dalle 2 alle 4 ore, si attraversano momenti più leggeri alternati a momenti pesanti, più impegnativi; da quella pesantezza, ad un certo punto, continuando a correre al ritmo giusto, ci si sente liberati come se fosse un'armatura gettata a terra, e si prosegue con una nuova, talvolta inspiegabile, leggerezza.

Ogni "lungo", come un digiuno, è una via per la disintossicazione del corpo e della mente, ed un percorso che tende all'elevazione dello spirito. Non si diventa subito consapevoli del regalo che ci si fa rendendosi capaci di correre per molte ore, ma fatta questa prima esperienza, si entra in un campo di possibilità diverse, si sperimenta sulle proprie gambe cosa significa meditare, e, come detto in introduzione, lo si vorrà fare ancora.

Potrebbero naturalmente non mancare i momenti di crisi. Niente paura. I momenti di crisi sono, in realtà, opportunità per sperimentare una straordinaria presenza nella realtà. Tuttavia, specie in gara, si può provare ad anticiparli sostanzialmente con una mossa: rallentare. Rallentando si riduce la richiesta di ossigeno, e si può immediatamente migliorare l'omeostasi corporea, rompendo la spirale che porta al malessere. Altri comportamenti utili a prevenire la crisi, ovviamente, sono un sufficiente apporto idrico, sempre a piccoli sorsi e comunque da non esagerare, ed un piccolo spuntino ogni 45-60 minuti di corsa. Se non basterà, se si avvertirà anche il minimo senso di fame, rallentare subito e mangiare è l'unica cosa da fare in quel momento. Se arriverà la crisi e rallentare non sarà stato sufficiente, ci si potrà anche fermare e, essenzialmente, respirare.

Quasi sempre dopo qualche minuto, a meno di problemi più seri, ci si potrà rimettere in strada e, con molto rispetto e molta lentezza, continuare il proprio allenamento nella misura in cui si riesce a farlo. Capire come la crisi è arrivata e, soprattutto, capire che è arrivata inevitabilmente perché non si è prestato attenzione alla propria guida interiore, è la chiave. E' da lì che giungono tutte le informazioni, consce o inconsce, che ci consentono di guidare il passo e percepire il respiro al fine di restare in equilibrio e non incorrere in momenti di crisi; ma se la crisi è arrivata, niente drammi: si rallenta, si attende di ritornare in condizione ideale e ci si risintonizza con attenzione alla propria guida interiore.

Il "lungo" è sempre difficile da portare a termine, ma se pianificato nei suoi aspetti essenziali, approcciato con la giusta motivazione, e condotto con moderazione, sarà portato a termine, e schiuderà una nuova consapevolezza, per la corsa, e, talvolta, anche per la vita.

Il ritmo

In questa sezione affronteremo qualche aspetto riguardante il ritmo da tenere nella corsa su lunghissime distanze. Ciascuno di noi ha potenzialità diverse e grado di preparazione diverso, perciò…ad ognuno il suo ritmo, come nel mezzofondo, sembrerebbe un discorso plausibile. Tuttavia, come già detto, più si allungano le distanze, e più si appianano le differenze tra gli atleti. Sopra le 100 miglia, questo, è particolarmente evidente. E' per questo motivo che alcune delle ultramaratone più dure al mondo, come per esempio Badwater 135, possono essere non solo concluse, ma addirittura vinte, correndo a ritmi sopra i 6 min/km, ritmi ai quali può correre una Maratona un principiante o un amatore con una preparazione base. Proprio questi ritmi, lenti, ripetitivi, talvolta noiosi, per l'immensa rispettabilità che hanno, sono la chiave per una corsa su lunghissima distanza che sia vincente, oltre che gradevole e possibile. E allenarsi a questi specifici ritmi, senza complicare il proprio allenamento con variazioni, ripetute, lavori specifici, alla fine porta risultato. Sono consapevole che questa affermazione, in una epoca di sapere tecnico sulla corsa, sia una sorta di bestemmia, uno schiaffo a quella scienza quasi esatta che autori di grande caratura hanno edificato; tuttavia, ribadisco, questa scienza tende a saltare dopo molte ore o molte decine di chilometri di strada, non importa che voi siate Kenenisa Bekele o un tale di nome Mario Rossi.

Ci si può aspettare dunque qualche differenza soggettiva, ma tendenzialmente stabilirei a 6 min/km il giusto ritmo per allenare questo tipo di corsa. E ci sono più motivi. Un primo, semplice motivo, è che 6 min/km è una velocità di facile memorizzazione. Correre a 6 equivale a correre 10 km/h, quindi un'uscita da un'ora equivale a 10 km, un'uscita da 2 ore e mezzo equivale a 25, è facile, matematico. E' un ritmo standard, utile come riferimento e confronto con il proprio passo su altre distanze, o con altri eventuali compagni di corsa. In questo modo si potranno costruire percorsi e coordinare incroci. Correndo a 6, infatti, sapremo con una certa precisione quanto tempo ci serve per allenare 15 o 30 km, oppure quanto tempo dovremo mettere in conto (contemplando varie possibili pause)   per organizzare la giornata in cui si correranno dei "lunghi". Naturalmente non si può essere precisi come un orologio svizzero, ma l'istinto tenderà a regolarizzare il nostro ritmo in modo automatico, se lo si mantiene e lo si ripete con zelo.

E 6 min/km, a detta di molti ultramaratoneti, è un ritmo cui il corpo si abitua facilmente e con naturalezza. Dopo qualche settimana di abitudine, il vostro cronometro diventerà un oggetto utile solo a riempire un cassetto, o ad essere venduto su eBay. Il vostro cronometro biologico, infatti, tenderà a settarsi su quel passo e riprodurlo fedelmente, anche in assenza di riferimenti esterni. E' piuttosto sorprendente, ma con l'esperienza vi accorgerete che succede; al punto tale che, per fare un esempio, vi troverete a decidere di chiudere un percorso di, supponiamo, 12 km, ed impiegare esattamente 72 minuti per percorrerlo, senza usare strumenti di controllo.

6 min/km è un ritmo sufficientemente sostenuto ma, al tempo stesso, rispettoso al massimo della meccanica corporea. Se per allenare un passo competitivo da Maratona sono previste tabelle con variazioni e ripetute, allenare la corsa su lunghissima distanza, e soprattutto allenare lo spirito a farci correre per 200 e più km, significa entrare in connessione con la propria guida interiore e creare una sintonia tra essa e il proprio corpo.

Un punto di contatto tra lo spirito che alita dentro di noi, e la materia cruda di cui siamo costituiti, come in un rito religioso, può essere raggiunto grazie ad un gesto ripetitivo, quasi una litania portata vanti infinite volte, un mantra. Questo gesto noi lo possiamo allenare, lo possiamo sviluppare e diventarne ministri, ed è appunto un ritmo di corsa giusto, lento ma sostenuto, che non disturba la mente e non richiede calcoli superflui. Iniziarlo, e protrarlo per ore ed ore, fa entrare in comunione con lo spirito, e con il tempo fortifica il corpo. Lo scheletro, l'apparato muscolo-tendineo, gli organi interni: tutti i nostri tessuti traggono beneficio da un'andatura costante, senza strappi né sforzi eccessivi. Il respiro, in particolare, la nostra guida costante nel gesto della corsa, si farà regolare e naturale, senza affanno. Riguardo al respiro, nel prossimo capitolo affronteremo questo fondamentale argomento, e vi proporrò la mia visione su come fare di esso il centro di tutta l'esperienza del correre.

Trovare il ritmo giusto, anche se apparentemente molto lento, specie per chi ha esperienza di corsa su distanze più brevi, spinge il corpo verso inattesi livelli di benessere, di rendimento, e perché no, di competitività. Ci sono studi che confermano la bontà di questo approccio anche per gare corse poi a ritmi molto più elevati, studi che ho potuto confermare nella mia esperienza; ma a prescindere da ciò, quel che conta è che nella corsa su lunghissima distanza, aumentando nettamente il carico di chilometri settimanale e mensile, si può andare incontro anche a usura articolare e fatica muscolare. Il ritmo dei 6 min/km, garantendo l'adeguato allenamento e "costringendo" comunque a correre e non gozzovigliare, resta un ritmo facile da mantenere, e aiuta a preservare sempre l'integrità articolare e corporea in generale.

Nel correre a ritmi regolari ben sostenibili, la produzione corporea di lattati è compensata prontamente da una buona respirazione e da una pulizia tissutale efficiente, al punto tale che non vi sarà mai accumulo di scorie, in particolare nel muscolo: in conseguenza di ciò, quindi, è più difficile che si sviluppino acciacchi ed infortuni spontanei. Se succederà, sarà per qualche altro motivo, che andrà ricercato ed eventualmente coadiuvato da qualcuno di esperto. Ma è esperienza di tutti i runners, ancor più degli ultramaratoneti, constatare che è l'aumento del ritmo il principale fattore predisponente gli infortuni e gli stop, quindi anche la necessità di ricorrere ad un aiuto esterno. Se si sarà stati in ascolto della propria guida interiore, invece, si sarà rispettato anche il giusto ritmo, e probabilmente non avremo avuto bisogno di risolvere alcun problema.

Infine, anche il più competitivo tra voi ne prenda atto: correre a 6 min/km per 20-25 ore garantirebbe la vittoria in alcune delle ultramaratone più importanti al mondo. Avete ambizioni di vittoria? Bene, iniziate ad allenare questo ritmo, e siete già sulla strada giusta. Quando vedrete che siete pronti, con la giusta esperienza alle spalle, forse il vostro allenamento standard potrà anche subire accelerazioni, ma forse no, perché vi accorgerete che si può progredire sempre, anche senza accelerare il ritmo.

Preparare lo zainetto da corsa
Come per il primo giorno di scuola, quando si comincia una nuova avventura ci si sente emozionati, e si vogliono preparare al meglio gli attrezzi del mestiere. Ma rilassiamoci tutti quanti: per correre lunghissime distanze non serve quasi nulla. Moltissimi oggetti possono rivelarsi utili a migliorare la performance, ma pochissimi, in vero, servono a rendere migliore l'esperienza pura del correre. Si tratta di oggetti dei quali è possibile fare a meno se si esce per 1 o 2 ore, ma che diventano imprescindibili per uscite dalle 3 ore in poi.

Munitevi di uno zainetto da corsa di buona qualità. Regolatelo al vostro torace e alla vostra altezza una prima volta, per bene, e non dovrete farlo mai più. Al suo interno andranno pochissimi oggetti essenziali, che dovranno accompagnarvi nella vostra uscita lunga.

Fondamentale: portatevi dietro le chiavi di casa. Il vostro unico scopo, quando uscirete, sarà correre. Ma dopo, quando avrete chiuso il vostro anello, dovrete rientrare a casa.

Utile: il telefono. Anche se lo si può vivere come una distrazione, il telefono può sempre essere messo nello zainetto e silenziato, ma tirato fuori qualora dovesse rendersi necessario per un'emergenza imponderabile. Un piccolo infortunio, un malore improvviso, un esaurimento fisico, un incidente di percorso, o una strada chiusa: ci sono casi, rarissimi per la verità, in cui la vostra uscita può non concludersi per causa di forza maggiore, ed avere il telefono per comunicare dove siete e come state, può salvare la vita. Quindi molta serenità, ma anche soluzioni d'emergenza alla mano, sempre.

Altro oggetto utilissimo, anche se non fondamentale: qualche spicciolo. Può capitare una crisi calorica o, specie in estate, una crisi di sete. Avere con sé anche solo 3 o 4 Euro in saccoccia, può salvare la giornata. Di solito, in quelle particolari situazioni di emergenza, mi affido ad acqua e/o ad un paio di cioccolatini fondenti sfusi, per esempio dal tabaccaio o al bar.

Se fa freddo e il clima minaccia pioggia, portatevi un giubbino antivento e antipioggia. Appallottolato occuperà pochi centimetri dello zaino, e il suo peso può essere inferiore ai 100 g, quindi praticamente nullo.

L'attrezzo più utile nella stagione estiva, ma sempre necessario quando si esce per più di qualche ora: la borraccia. Avere sempre dietro il proprio contenitore di acqua può salvare la giornata, e anche di più. Anche se si conoscono a menadito i punti acqua del proprio tracciato, tenere una scorta di liquidi a portata di mano, sempre, è una mossa più che consigliabile. Arriva sempre il giorno in cui la fontana è chiusa per manutenzione, o lo sciame di api ne copre il rubinetto, oppure la strada dove c'è il vostro punto acqua preferito è stata chiusa. Un po' di acqua, non più di mezzo litro, val sempre la pena averla in riserva, anche se non la si va ad intaccare.

Infine…si, siamo già alla fine ed abbiamo caricato non più di un chilo di materiale nello zainetto. Manca solo il cibo. Questo argomento meriterà un capitolo dedicato a parte, ma in questo specifico frangente, val la pena sottolineare solo qualche aspetto centrale. Il cibo che si porta nello zaino per le uscite lunghe, deve essere leggero, calorico, buono. Leggero: il cibo va portato appresso a spalla per ore ed ore, pertanto non può gravare eccessivamente. A titolo di esempio: la mela sarebbe un ottimo nutriente in corsa, ma il suo peso impedirebbe di trasportarne molta senza pesi e ballottamenti eccessivi. In sostituzione la mela disidratata può essere ottima. Sostanzialmente contiene gli stessi nutrienti, ma in un peso ed un volume nettamente inferiori.

Calorico: quello che mangiamo, ogni ora circa, durante la nostra uscita, deve nutrirci abbondantemente. Il nostro consumo calorico, senza entrare nei calcoli, è più che doppio rispetto a quello che si ha facendo attività normali senza sforzo alcuno. Pertanto, dovremo garantire un introito calorico considerevole se le ore si accumulano. Un alimento calorico è un alimento che, a parità di peso, garantisce il rilascio di abbondanti quote di calorie. Volendomi prevalentemente riferire a cibi naturali e non a lavorazioni artificiali, ciò a cui mi affido da anni e che consiglierei a chi dovesse intraprendere questa avventura, sono i seguenti alimenti: noci, nocciole e mandorle, fave di cacao, barrete di sesamo al miele, frutta disidratata non caramellata, cioccolato fondente, burro di arachidi, formaggio parmigiano a scaglie. Tutti questi alimenti, hanno almeno una caratteristica comune: sono dei veri concentrati naturali di calorie, sali minerali ed oligoelementi. Chiaramente, a seconda del momento e della disponibilità di qualcos'altro in casa, può capitare di portarsi dietro cibarie diverse, eventualmente anche roba non troppo sana: nulla lo renderà sbagliato in assoluto, stiate tranquilli. Tuttavia, se si può scegliere, portarsi dietro alimenti adeguati è sicuramente vantaggioso, per il carico leggero e per l'apporto calorico, al contrario, pesante.

Assumere "bombe caloriche" naturali simili ha due vantaggi sostanziali in corsa: infatti, oltre a fornire energia per sforzi prolungati, serve a non sovraccaricare lo stomaco di ingesti difficili da digerire. A quest'ultimo proposito, infatti, va data una certa attenzione. Spesso ci si ritrova in crisi proprio dopo lo spuntino, per l'eccessivo lavoro che lo stomaco è costretto a fare mentre lo si costringe a rimbalzare costantemente dentro il nostro addome per via della corsa. Lo stomaco in iperattività produce sintomi fastidiosi, e talvolta innesca un meccanismo viscerale nervoso detto vaso-vagale, che è all'origine di molti malesseri, svenimenti, vomito e scariche diarroiche che possono occorrere durante lo sforzo fisico. Conferire al nostro stomaco cibi ipercalorici e concentrati tiene lontana questa possibile minaccia, spauracchio di molti runners, e del sottoscritto alle prime esperienze.

"TROVARE IL RITMO GIUSTO, ANCHE SE APPARENTEMENTE MOLTO LENTO, SPINGE IL CORPO VERSO INATTESI LIVELLI DI BENESSERE, DI RENDIMENTO, E PERCHÉ NO, DI COMPETITIVITÀ."

Riguardo la quantità, lascio ad altri l'uso della calcolatrice e delle tabelle, e consiglio sempre di fidarsi della propria guida interiore, anche in questo caso. Saranno le sensazioni interne del nostro organismo, lo stomaco, i muscoli, la testa, a dirci se stiamo assimilando troppa o poca energia, basterà prestar loro attenzione. Del resto, ciascuno di noi è diverso, e ci sono ultramaratoneti di 50 kg ed altri che superano il quintale, con esigenze energetiche ovviamente diverse.

Buono: il cibo che ci portiamo appresso per correre lunghissime distanze deve essere buono, deve piacerci molto, deve aiutarci ad elevare il nostro spirito. Sempre a quel soffio vitale, infondo, dobbiamo fare ricorso quando cerchiamo di fare cose apparentemente impossibili. E lo spirito va stimolato, con le giuste pratiche. Del buon cibo quindi, qualcosa che ci piaccia e ci dia vero gusto, è un ottimo stimolante per lo spirito. Pensare di correre 12 ore mangiando solo dei crackers all'acqua, o dei gel chimici, rischia di essere deprimente.

Ultima postilla meritano appunto gli integratori per lo sport. Gel, barrette, pastiglie di sali, possono sempre avere un angolino riservato a loro nello zainetto da lungo. Personalmente li considero utili, mai fondamentali. Una cosa è certa: possono togliere le castagne dal fuoco in alcuni casi. Può capitare di avere poco cibo, la giornata lunga, lo sforzo più intenso del previsto, una crisi calorica, un crampo: in questione casi, conoscere e saper assumere nei tempi giusti, pochi, ma specifici prodotti appositamente studiati per l'endurance, può aiutare a portare a casa la giornata. Il consiglio è di avere nello zainetto: un gel calorico, una barretta proteica, qualche pastiglia di sali minerali. Pochi grammi di peso, e qualche garanzia in più di continuare a far girare le gambe, anche se si mette storta la giornata. Oggi, peraltro, sono disponibili prodotti più naturali, più sani ed etici di quelli presenti sul mercato fino a qualche anno fa. Quindi, anche la scelta ampia aiuta a potersi fidare. Si può fare qualche test, scegliere 2 o 3 prodotti affidabili e facilmente reperibili, e tenerne una piccola riserva in casa. Molto spesso vi ritroverete a farne un uso limitatissimo, perché se avrete ascoltato la vostra guida interiore, avrete scelto sicuramente del buon cibo naturale, e nessun integratore industriale vi sarà stato necessario per il vostro allenamento.

Infortuni e stop

Nella vita di un podista si attraversano molte fasi. Anche i top runner attraversano momenti positivi, dove la voglia di correre ed il rendimento sono spontanei e soddisfacenti, a momenti di minor entusiasmo, dove anche la più breve delle uscite sembra insormontabile, e la competizione solo una lontana chimera. Gli infortuni, poi, possono funestare a lungo la carriera di un atleta competitivo, così come le abitudini sportive di un semplice amatore. La vita dell'ultramaratoneta non è da meno. Anzi, dilatandosi le distanze, si può constatare che si dilatano anche tali momenti di alternanza. Così, una lunga fase di stanca può protrarsi anche per mesi, nei quali approcciare la strada diventa a dir poco difficile. Ed un infortunio, che un maratoneta può portarsi dietro per settimane, per un ultramaratoneta può significare mesi di stop.

Val la pena dunque osservare alcuni accorgimenti e prendere le precauzioni migliori per evitare incidenti di percorso, che potrebbero pregiudicare la preparazione alle competizioni, o, ancor peggio, il vostro piacere di correre lunghissime distanze.

La visione di questo argomento che propongo qui, non ha la pretesa di valere come consiglio medico, nonostante io sia in effetti proprio un Medico, ma rappresenta semplicemente una esperienza accumulata sul campo, sicuramente felice, che può essere presa come spunto di riflessione per adottare un sistema del tutto personale di prevenzione e cura dei problemi che si affronteranno in una vita da ultarunners. Il ricorso a terapisti di ogni sorta è e può essere raro, ma va incoraggiato quando non si dispone degli strumenti idonei a gestire in autonomia un problema.

Finirò per risultare ripetitivo alla nausea, ma il punto nodale è sempre lo stesso, in ogni capitolo: ascoltare la propria guida interiore è la maniera migliore per non incorrere in problemi nella nostra pratica della corsa, siano essi infortuni veri e propri che costringono a fermarsi, oppure crisi di motivazione che impongono comunque uno stop. La nostra guida interiore potrebbe anche ignorare alcuni fattori esterni contingenti, ma non potrebbe mai mentire a voi stessi sulla vostra volontà di correre, sul vostro stato energetico, sulla reale condizione psico-fisica e spirituale in cui vi trovate. Perciò, prestando ascolto ad essa, saremo sempre in grado di intuire senza calcoli o pretattiche quale sia il chilometraggio giusto per quel giorno, quella settimana, oppure quale sia l'obiettivo giusto per una stagione, per esempio se ci si sente "giusti" per preparare una ultramaratona oppure se si vuol preferire la semplice corsa di piacere, senza l'impegno della competizione.

Se, come tante volte succede, a guidare queste scelte è un'altro individuo, sia un coach, un preparatore, o un compagno di corsa, ciò può costituire una motivazione esterna, ma spesso non sarà pienamente in linea con il nostro sentire interiore. Ne risulterà uno squilibrio tra il nostro potenziale di quel momento, e la richiesta derivante dall'obiettivo imposto. Lo squilibrio può aversi in eccesso, ossia quando ci si sente molto carichi e motivati, ma non si profila all'orizzonte nessuna sfida all'altezza del momento: in questo caso si avranno prevalentemente disturbi dell'umore, con irrequietezza, agitazione, scarso sonno, e disturbi somatici quali tensioni muscolo tendinee a prevalente manifestazione anteriore: quadricipiti, tibiali anteriori, estensori delle dita dei piedi. Al contrario, lo squilibrio in difetto tra la propria tolleranza allo sforzo ed il carico di lavoro fisico cui ci si sottopone, caso alquanto più frequente e foriero di disturbi psico-fisici, può ingenerare un corteo di disturbi di altro genere. I disturbi fisici del sovrallenamento, o overtraining, possono andare dall'apatia, alla depressione, dall'irascibilità alla nevrosi. Sotto il profilo fisico si possono sperimentare una pletora di disturbi a carico dell'apparato muscolo-scheletrico, con prevalente manifestazione posteriore: quindi dolori cervicali, dorsali, lombalgie, disturbi a carico dei polpacci e della fascia plantare. Un caso a sé è la cosiddetta sindrome della bandelletta ileo-tibiale.

La diagnosi ed il trattamento specifico di questi disturbi non sono materia da approfondire in questa libro, si uscirebbe completamente dal focus del discorso: la patologia del runner, per chi volesse approfondirla, è già stata affrontata egregiamente in numerosi testi tecnici. Noi, qui, ci limiteremo a dire che è in carico a noi il riconoscimento precoce dei sintomi, e la consapevolezza che queste condizioni definite normalmente "patologiche", sono in realtà un segnale che il corpo ci sta mandando, un indirizzo per capire dove e come porre rimedio. Resterebbe in carico a noi, quindi, anche la cura precoce di queste condizioni, con pazienza ed ascolto interiore.

Infortunarsi, naturalmente, non giova allo spirito, e toglie il gusto, ove non anche la possibilità, di continuare a correre. Si impone dunque in quei momenti una revisione del proprio modo di allenarsi; un nuovo modo di affrontare il proprio rapporto con la corsa, che tenga conto in sostanza di cosa dice la propria guida interiore. E così come il respiro è fatto di inspirazione ed espirazione, anche la corsa è fatta di fasi attive e fasi passive. Le fasi in cui si è costretti a fermarsi per un infortunio o per esaurimento psico-fisico, sono fasi di stop nelle quali si va a recuperare, purtroppo per costrizione, lo stesso tempo di riposo di cui non ci si è concessi di godere in precedenza. Non vale quasi mai la pena, quindi, accanirsi nella preparazione di una competizione, o spingersi oltre distanze che si avvertono non consone al momento, se si iniziano ad avvertire i primi segni di esaurimento, o i primi acciacchi dopo un'uscita. Se ciò accade, il lavoro dello psicologo, del medico, del fisioterapista, possono essere utili rimedi mirati, "chirurgici", ma non sostituiranno mai l'unica vera necessità dell'organismo in quel momento: fermarsi e recuperare.

Consiglio sempre, personalmente, di non dimenticarsi il seguente concetto: la malattia, o l'infortunio, sono la cosa migliore che il corpo poteva attuare in quel momento per risolvere i suoi problemi. Questa è la chiave di lettura della cosiddetta Medicina di segnale, dove ogni segno lanciato dal nostro corpo/mente, è interpretato come il meglio che in quel dato momento il corpo/mente potesse mettere in atto, al fine di risolvere il problema che sta alla radice. Un esempio può essere calzante: c'è un problema di postura e quindi di appoggio dei piedi nel gesto della corsa; questo si riflette sui polpacci che tenderanno a lavorare in modo asimmetrico, causando dolori e possibili stiramenti; da allora in poi, se silenzieremo quella spia e non accetteremo che il modo migliore per ritornare in equilibrio è fermarsi abbastanza a lungo da sciogliere spontaneamente le tensioni interne e dare il tempo alle anche di correggere la postura, il danno continuerà ad accumularsi ed un bel giorno inizieranno crampi, polpaccio contratto ed inservibile, stiramenti seri ove non strappi dei gemelli. L'approccio più frequentemente e convenzionalmente adottato, invece, è purtroppo, a giudizio di chi scrive, anche sbagliato: accanirsi sul polpaccio con creme, massaggi, tecar o infrarossi, come fosse egli stesso l'unico responsabile del suo malfunzionamento.

Svariati esempi come questo, potrebbero confermarci che l'approccio più sano ed efficace, a lungo termine, consiste in nient'altro che ascoltare la nostra guida interiore, confermando quanto in realtà siamo noi i diretti e principali responsabili del nostro stato di salute da sportivi, coloro ai quali è deputata la vera scelta di quanto correre, come correre, se correre oppure fermarsi, e quanto a lungo fermarsi. Saper rispettare, nei tempi e nei modi giusti, le qualità ed i limiti del nostro corpo e della nostra mente, è parte integrante di quell'allenamento, dello spirito prima ancora che del corpo, che ci porterà ad essere ultramaratoneti.

NOVE COLLI RUNNING

Il 2017 è uno degli anni più pieni nella mia vita da ultramaratoneta. A settembre ci sarà Spartathlon, alla quale accedo per la prima volta e che costituisce il sogno, l'avventura più prestigiosa a cui potessi puntare fino a quel momento. Ma siamo nel mese di maggio, e l'appuntamento stagionale con la Nove Colli Running è e resta quello a cui ci si affeziona di più. Si tratta per me della gara di casa, nelle "mie" strade, con le "mie" persone lungo il tracciato, e non voglio più arrancare per arrivare in fondo, voglio un traguardo netto, cerco un'esperienza di corsa senza incidenti di percorso. Per questo, la preparazione della gara è mirata, lunga e laboriosa.

Come spesso succede negli ultimi anni, i mesi di marzo e aprile sono quelli più impegnativi. Cerco di programmare un "lungo" tutte le settimane e alcuni "lunghissimi" da 80, 90 o 100 km, che dovrò inserire tra lavoro, vita in famiglia e allenamento standard. Non è facile, ma a tenere alto lo spirito è la voglia di far bene, e il giusto approccio alla strada. Per prepararmi scelgo tracciati che conosco a menadito, che potrei percorrere ad occhi chiusi. Lo zaino è sempre piuttosto leggero, ma contiene le 4 o 5 cose che possono sempre servire. Le fontane saranno lì ad aspettarmi, e qualche bar di paese farà il resto del lavoro, se necessario.

Giungo al giorno della gara molto concentrato, leggero e in buona salute. La gara parte a mezzogiorno, e come al solito stento a non pensare per nulla alla fatica che mi aspetta. Ma stavolta no, stavolta quel pensiero non deve prevalere, a prevalere infatti deve essere solo la corsa. Così imposto il mio cronometro biologico su quel passo magico che va in automatico, presumibilmente attorno ai 6, e comincio a macinare chilometri senza pensare. La corsa prosegue spedita fino a Meldola, con l'andatura costante sotto a un sole poco clemente; ma il mio punto debole in questo tracciato è sempre lì, a Pieve di Rivoschio, dove una crisi non si dimentica mai di presentarsi. Quest'anno, però, a differenza dello scorso anno, ho imparato a precedere la crisi vera, a sentirne i segnali premonitori. Quando la nausea comincia a comparire, non c'è sfida che tenga: quell'angolo di prato verde dentro il tornante è perfetto per me, per stendermi qualche minuto. Di quel momento nebuloso ricordo Mario Castagnoli, il patron della gara, che passa e mi dedica un pensiero a voce alta:

"Stai lì e riprenditi, poi fra un po' ti rialzi, cominci a correre, e non ti fermi più". Alcuni minuti di visione offuscata, orecchie ovattate e debolezza degli arti, ma il focus rimane quello e stare fermi è la miglior cosa che possa fare in quel momento. Lo sento, lo percepisco.

Ma non manca molto prima che i sensi si riaprano e le membra riacquistino vigore, così la marcia riparte, e poi la corsa. Aveva ragione Mario, di lì in avanti non mi sarei più fermato per i successivi 140 km, se non per un piatto di pasta e per un cambio di indumenti nella notte fredda. E il mattino successivo, quando dopo l'alba raggiungo il secondo in classifica ancora a 50 km da Cesenatico, la continuità del mio ritmo costante, moderato ma mai domo, mi dice che si poteva fare. Quel traguardo lo potevo raggiungere così, con lo spirito a guidare il gesto.

Brenda Guajardo era troppo lontana, troppo forte per essere raggiunta; lei, professionista, ed io semplice amatore senza esperienza internazionale. Lei vince, io taglio il traguardo al secondo posto, primo uomo, primo italiano. Inutile nascondersi: per me, questa, è una vittoria. Vittoria frutto di un lavoro umile, certosino, lungo e faticoso, consapevole, rispettoso dei limiti. Alzo un trofeo che adoro e che porterò sempre con me, ma il premio, quello vero, è nel ricordo di quei giorni duri ma elevati, spesi a preparare la competizione, che resta solo la ciliegina sulla torta.

Correre lunghissime distanze

3.
CALMARE LA MENTE

"Creare un intervallo "senza mente" nel quale sei fortemente presente e consapevole di non pensare".
Eckhart Tolle

Osservare il respiro

Eccoci dunque al capitolo centrale di questo libro, il cuore, la parte più importante. Proverò a dare la mia visione di come il corpo e la mente prendono rapporto tra loro durante la corsa, e come noi possiamo sfruttare questa interdipendenza a nostro favore.

La corsa è un' espressione della vita, e la vita è respiro. Respiro significa scambio con l'universo, dare e prendere, entrare e uscire, in un'alternanza ineluttabile che riporta al dualismo dei fenomeni naturali: gli antichi cinesi avevano già intuito questo naturale dualismo insito nella realtà, e lo avevano chiamato yin e yang, identificandolo con il segno di circolarità del Tao. Questo dualismo, lo sperimentiamo tutti, sempre, nella nostra quotidiana esistenza: il giorno si alterna alla notte, l'inverno succede all'estate come il morto succede al vivo, e lo precede circolarmente; il freddo cura l'infiammazione come il caldo cura il raffreddore, così la femmina con il maschio, o il sole e la luna. I fenomeni della natura sono governati da una legge eterna di dualità, che non richiede di essere indagata, ma si presenta così, senza che si possa intervenire su di essa in alcun modo. E' una legge di alternanza, di generazione dell'uno dal suo opposto, in un equilibrio che si ritrova da sé, sempre. Non è necessario essere taoisti per riconoscerne la verità e la saggezza, la opposizione tra lo yin e lo yang è un dato di realtà.

Noi umani, animali, non siamo sottratti a questa legge eterna, e ne rispettiamo l'andamento ciclico, volenti o nolenti. La nostra funzione più basilare, quella che permane per tutta la vita senz'anche volerlo o saperlo (nel sonno, nel coma), è quella che sottende la vita stessa: il respiro. Nel respiro, che è alternanza tra inspirazione ed espirazione, si compie la nostra vita e si esprime la nostra osservanza eterna alla legge del Tao. Se si interrompesse questo circolo autorigenerante di alternanza tra inspirazione ed espirazione, si interromperebbe la vita, insomma. Ecco dunque spiegato con questo esempio come il respiro, essendo espressione della legge del tao, sia una condizione di possibilità della vita stessa.

Nella corsa, che è un grande momento di vita, il respiro è il nucleo, la parte che possiamo dire con certezza la più importante. E' un fenomeno sempre presente con noi, dalla nascita alla morte, e lo è a maggior ragione sotto sforzo: è sempre presente con noi mentre corriamo,   senza eccezione, dunque possiamo sempre contare sulla sua presenza. Normalmente non siamo consci di respirare, è un'azione talmente innata nella nostra natura che, anche senza pensarci, la mettiamo in atto. Talvolta, invece, ne siamo consci, quando per esempio il respiro si fa affannoso, o quando cerchiamo di controllarlo. Proprio la consapevolezza del respiro, il rendersi conto di star respirando, è un esercizio mentale che riporta con fermezza e precisione al qui ed ora, alla realtà. Osservando il respiro si ritorna alla realtà, si è presenti mentalmente al momento, si evita la divagazione del pensiero. E con esercizio opportuno, se si mantiene l'attenzione sul respiro per un tempo lungo, si raggiunge una condizione di vera calma mentale, il ché consente di avere maggior presa sulla realtà. Proprio l'attenzione al respiro, passiva ma vigile e costante, corrisponde all'attenzione alla guida interiore di cui abbiamo parlato nei capitoli precedenti, e che può fungere da guida per la nostra corsa. Ora è giunto il momento di entrare al centro del discorso e capire in pratica come la nostra attenzione al respiro possa aiutarci nel correre lunghissime distanze.

Per le discipline sportive di corto raggio o breve durata, il respiro può essere trattato come un parametro, e modificato attivamente a seconda dell'esigenza dello sforzo nel momento preciso. Perciò esistono numerose tecniche di respiro, e sempre, negli allenamenti sportivi, almeno ove vi sia giusta consapevolezza e preparazione, si richiede all'atleta di controllare il proprio respiro attivamente. Controllare il proprio respiro e modificarlo attivamente è un esercizio che richiede certamente consapevolezza e coordinazione muscolare, ma richiede anche molta energia, specie con il perdurare dell'attività. Tendenzialmente, più è breve ed intenso lo sforzo fisico, più è determinante ed economico per l'organismo modificare il respiro allo scopo che la disciplina richiede; esempi: nel sollevamento pesi si esegue una imponente iperventilaizone prima dello sforzo di sollevamento, che è breve ma oltremodo intenso, e durante il quale l'atleta trattiene il fiato per sprigionare tutta la forza muscolare nel sollevamento, senza disperderla nel respiro; nei 100 metri piani il velocista iperventila durante tutto lo sforzo e si allena a farlo massimamente, per ottimizzare lo scambio gassoso durante il breve ma intensissimo sforzo; un altro esempio può essere il tiro con l'arco, dove l'arciere deve superficializzare, silenziare e rendere fluido il respiro per non disturbare la precisione della mira. Nelle discipline sopracitate, il controllo attivo del respiro è parte decisiva del gesto atletico, e non si può escluderlo dalla componente "tecnica" dell'allenamento. Avviciniamoci progressivamente al nostro ambito sportivo, notando come per esempio nella corsa di mezzofondo, il runner controlla l'alternanza tra inspirio ed espirio per massimizzare l'ossigenazione e l'eliminazione dell'anidride carbonica, ma il suo controllo del respiro è meno tecnico, più istintivo, più ripetitivo e autonomo di quanto detto sopra riguardo ad altri sport. E certamente va allenato, ma è più che altro una conseguenza naturale dell'allenamento fisico in generale, un aspetto corollario. Continuando su questa linea, se aumenta notevolmente la durata, ed il raggio dello sforzo fisico si amplia, il respiro è sempre più difficile da poter controllare attivamente, perché risulterebbe troppo dispendioso, e, soprattutto, perché il nostro ipotetico pattern di respiro non corrisponderebbe necessariamente e con continuità a quello che il corpo deve mettere in atto per compensare i suoi equilibri. In parole povere, sarebbe come remare contro corrente. Nell'endurance, dunque, quando si sfonda il muro delle molte ore di attività come nell'ultramaratona, il lavoro che si deve fare con il respiro è di tutt'altra natura rispetto a quanto detto sopra. Non si tratta appunto di controllo attivo, di una tecnica, di una disciplina, bensì di semplice osservazione passiva.

Il respiro, nella corsa su lunghissime distanze, dovrebbe essere sempre osservato, monitorato, studiato. Il respiro, infatti, è una cartina al tornasole infallibile del nostro equilibrio psico-fisico, sempre, e lo è ancor di più quando siamo sotto sforzo. Serve pertanto saperlo leggere, interpretarlo, capirne il comportamento. E' esperienza di chiunque avvertire il respiro accelerato dopo uno spavento o uno sforzo, oppure sentire l'aria ferma in corpo e dover tirare un sospiro dopo un momento di tensione e frustrazione: questo ci dimostra come un'emozione o un evento corporeo, agiscano modificando il respiro. Al contrario, è altresì comune esperienza avvertire pienezza e pulizia del respiro quando ci si sente in salute, magari in un ambiente aperto e sano. Insomma, il respiro ci dice come stiamo, e non abbiamo bisogno di disciplinarlo a nostro piacimento perché esso sappia come modellarsi. Anzi, vieppiù, se proveremo a modificarlo senza accordarlo a ciò che stiamo facendo, sia correre o mangiare o parlare, per esempio, presto si correggerà da solo in modo naturale, interferendo con la nostra volontà di controllarlo.

"A CERTI LIVELLI DI "ASCOLTO", BASTA UN PICCOLO DOLORE, UNA TENSIONE ARTICOLARE, UNA MINIMA ACCELERAZIONE, CHE IL RESPIRO CAMBIERÀ, AVVISANDOCI IN TEMPO REALE CHE QUALCOSA STA CAMBIANDO, E CHE SERVE UN PICCOLO AGGIUSTAMENTO "

Rifacendoci a questo modello interpretativo sulla funzione del respiro nel nostro sistema mente-corpo, è più facile intuire quale genere di lavoro stia suggerendovi di mettere in atto durante la corsa su lunghissime distanze, cioè un lavoro di vigile osservazione passiva. Mi preme ribadire che si tratta di una visione personale, frutto di anni di lavoro sul campo, ma non si tratta di una regola aurea, né di una condizione essenziale per potersi dire ultramaratoneti. Invito ciascun lettore ad interpretare le mie parole sulla base del suo personale sentire, e giungere ad una sintesi che possa far propria, adatta a sé. In ogni caso, questa è la mia visione, e le parole "vigile osservazione passiva" non sono parole messe a caso, ma con una funzione precisa: "vigile" denota una costante presenza mentale, un procedimento di attenzione, concentrazione, su cui si deve allenare la mente; "osservazione" significa prendere visione di un fenomeno, nel nostro caso il respiro, da una prospettiva esterna, e quindi non carica di aspetti personalistici, emotivi; "passiva" significa senza prendervi parte, senza influenzare direttamente il processo. Con questa attenzione, con questa neutralità, osservare il respiro mentre si corre ci consentirà di monitorare come se fossimo una centralina a più canali, l'attività del nostro organismo ed i suoi equilibri. Perpetrando questa pratica, difficile ma semplicissima nel concetto, dopo mesi e mesi si affina progressivamente la capacità di monitoraggio e si registrano variazioni sempre più fini e sottili del nostro organismo.

Tutto ciò comincerà ad avere ricadute molto vantaggiose sulla nostra pratica della corsa. Ci saranno ricadute da due lati, che riflettono la reciprocità e la bilateralità del rapporto tra corpo e mente. Da un lato, l'acume percettivo della nostra mente diventerà tale che ogni piccola variazione di equilibrio a qualsiasi livello corporeo, sarà percettibile mediante la semplice osservazione del respiro, che diventerà il nostro monitor ad alta definizione; a certi livelli di "ascolto", basta un piccolo dolore, una tensione articolare, una minima accelerazione, che il respiro cambierà, avvisandoci in tempo reale che qualcosa sta cambiando e che serve un piccolo aggiustamento nel corpo, magari nella postura, nella pedata, nell'atteggiamento del collo, o, magari, una accennata decelerazione, per ritrovare subito equilibrio; se correndo si resta in vigile osservazione passiva del respiro, questi adattamenti in real time sono non solo possibili, ma persino facili, e salvano l'integrità della nostra corsa risolvendo sul nascere piccoli disturbi, che potrebbero invece rivelarsi grandi problemi se non ben gestiti sul nascere; se volessimo disciplinare il nostro respiro modificandolo ad hoc come si insegna in altre discipline sportive, perderemmo completamente ed immediatamente questa funzione di rilevatore interno che il respiro ci può garantire, e che non potremmo ritrovare in nessun altro oggetto a nostra disposizione, sia naturale o artificiale. Quindi, da questa funzione che noi possiamo dare al respiro, in cui è la mente a lavorare sul corpo, si attivano ricadute enormemente positive sul rendimento della nostra corsa e sulla nostra stessa esperienza del correre.

Dall'altro lato, la fine attenzione dedicata al respiro, come già detto consente alla mente di calmarsi. Qui, in senso opposto, è il corpo, attraverso il respiro, a lavorare sulla mente.

Meditazione in movimento

A questo punto, siamo un po' più inclini a riflettere su come facciano mente e corpo ad influenzarsi reciprocamente, e come noi possiamo sfruttare questa influenza reciproca a nostro totale vantaggio, inserendoci passivamente in questo spazio; lì, dove l'immateriale ed il materiale coesistono, c'è questa funzione che è il respiro, sospesa a metà strada tra la mente, appunto, ed il corpo.

Nel respiro, infatti, si incontrano le energie sottili della mente, con quelle materiche e pesanti del corpo, in un luogo di confine facilmente accessibile ma che pochissimi di noi frequentano con abitudine. Se ci soffermiamo a pensarlo, possiamo intuire come il respiro abbia una particolare caratteristica: è l'unico aspetto della vita a poter essere involontario e volontario al tempo stesso. Noi possiamo controllare volontariamente il respiro rendendolo un atto conscio, ma se ce ne dimentichiamo lui procede allo stesso modo, e se addirittura tentiamo di fermarlo, il respiro riprenderà inevitabilmente perché è connesso alla vita stessa, è necessario. Quindi, ove c'è vita c'è respiro; se cessa questa funzione, cessa la vita. Il modo di contemplare la vita più grande, più affidabile, più sincero che possiamo avere, è dunque quello di essere consapevoli del nostro stesso respiro.

Abbiamo già visto come possiamo lavorare dalla mente al corpo osservando passivamente il respiro. Nello stesso momento, nella stessa pratica, possiamo ottenere un lavoro in senso opposto, ossia un lavoro dal corpo alla mente. E non servono nozioni tecniche speciali: come abbiamo già detto, basterà limitarsi semplicemente ad osservare il respiro, passivi, per far si che esso, nella sua natura anche corporea, lavori come una potente medicina sulla mente, calmandola. Se saremo assidui ed attenti in questa pratica, infatti, lentamente noteremo come la mente tenderà a calmarsi, ad alleggerirsi. Potrete provarlo voi stessi, ed è esperienza comune degli ultramaratoneti: più a lungo si corre, più ci si riesce a calmare.

Ma c'è di meglio: questo fenomeno bellissimo e benefico si verifica anche senza essere consci di tutte le nozioni fisiologiche di cui abbiamo fatto menzione, o le chiacchiere da buddhisti di cui parleremo, perché è ineludibile, naturale, implicito nella pratica dello sport di endurance. Ciò, pur senza esserne consci, è probabilmente il principale motivo per cui molte persone si dedicano a questi sport, e si sono dedicate da sempre a lunghe fatiche. Grazie a sforzi prolungati e ripetitivi, si entra facilmente in contatto mentale con il proprio respiro, e si può allenare la mente a prestarvi attenzione passiva: è un'abitudine che non richiede abilità particolari, ma certamente un po' di insistenza e costanza nel tentare di farlo mentre si corre. Ma se ci si abitua a farlo, se ne trae grande beneficio, calmando la mente.

Una mente calma è una mente attenta, quieta, in pace, che non brama nulla e non avversa null'altro, in equilibrio. Una mente calma è anche capace di intuizioni illuminanti, e può guidare chiunque verso grandi obiettivi; è dunque ovvio che l'uomo senta il bisogno di calmare la mente, e chi scopre di poterlo fare correndo lunghissime distanze, difficilmente poi vuole rinunciarvi. Lunghe mattine di corsa in solitaria, infatti, possono guarire una mente sovraccarica, ingolfata, disturbata, molto più di mesi e mesi di terapie psicologiche o mediche di vario tipo. La corsa, dunque, può assumere in tali casi anche una funzione curativa di grandissimo valore.

La meditazione Vipassana, quella insegnata 2500 anni orsono dal Buddha in India, è la pratica di osservare il respiro come noi ne abbiamo parlato relativamente alla corsa. Si può dire che l'intera pratica del Buddhismo consiste in questa stessa ricerca. Pertanto, mi piace pensare alla corsa su lunghissime distanze come ad una lunga seduta di meditazione. Chi, come me, non è particolarmente bravo nello star fermo, troverebbe inutile e frustrante tentare di meditare stando seduti davanti ad un albero per settimane in attesa di una illuminazione. Al contrario: trovare un'attività, qualsivoglia, che ci consente di praticare una vigile osservazione passiva del respiro, può introdurci in uno stato di meditazione anche più efficace di chi la pratica seduto davanti ad un altare con sopra un Buddha. Nella mia breve esperienza di meditazione, che stentava a dare buoni frutti, un maestro mi aprì un mondo di possibilità quando si fermò a spiegarmi che si può meditare anche zappando l'orto, cucendo abiti, lavorando alla catena di montaggio. Anzi, mi disse che quest'ultimo, l'operaio della catena, ha davanti a sé un gesto così ripetitivo e monotono da rendere molto accessibile la pratica di osservazione del respiro. Così ho pensato, e quindi constatato sulla mia stessa persona, che la corsa è uno strumento formidabile per fare meditazione in movimento.

Quali vantaggi si traggono dalla pratica regolare della meditazione? Grande calma mentale, grande focus sugli obiettivi e capacità di realizzazione, equanimità, buon controllo del corpo e degli istinti, un corpo a sua volta più sano e pulito, una maggior attenzione all'ambiente, agli altri, alla vita. Ebbene, si può ricevere un regalo analogo impegnandosi a lungo sulla corsa. Non intendo ridurre una pratica millenaria come il Buddhismo ad una uscita di corsa nel parco, ma posso confermare che, con questa attenzione, correre lunghissime distanze avvicina alla pratica della meditazione, dunque permette di accedere ad un modo di esistere più sereno e consapevole.

Non serve essere competitivi

C'è un ulteriore scoperta che si fa quando ci si dedica a questo genere di corsa mettendosi al lavoro anche con la mente. Essere competitivi non serve. Non solo, si rivela spesso controproducente rispetto agli obiettivi, e di sicuro non migliora l'esperienza del correre.

Sottoporsi ad allenamenti e gare così prolungati, dove per lunghe ore si è soli con sé stessi e con la propria mente, e dove risultati e gratificazioni possono non arrivare per anni, costringe ad un approccio molto molto onesto con sé stessi. Si può mentire a qualcuno, o a tutti, meno che alla propria guida interiore. Al nostro interno infatti, quel giudice onnisciente e ineffabile che è la nostra coscienza, sa benissimo quali sono le nostre qualità ed i nostri limiti, e conosce bene qual'è il modo giusto in cui dovremmo approcciare la strada. Se tentassimo di correre con "il passo più lungo della gamba" solo per competere con qualcuno di esterno, finiremmo per uscire da quella serenità mentale che ci consente di correre nel modo giusto. Saremmo presi dalla performance, e dimenticheremmo il giusto modo di osservare il nostro respiro, anzi, tenteremmo di modificarlo per aumentare la performance, e a lungo andare finiremmo per soccombere. E' inutile cercare di nascondersi dietri numeri o supposizioni inconsistenti: se c'è benzina a sufficienza, si può spingere, ma il limite da non valicare è sempre lì, in quella soglia di corsa che ci consente di mantenere, monitorandolo con attenzione, un respiro equilibrato e costante. Superato il limite, si può andare avanti per un po', si potrebbe persino vincere una gara da 800 metri, da 5000 se si è più allenati, ma mai si potrà portare a casa un gara da 200 Km. Se si ambisce a correre gare così lunghe, e soprattutto, se si punta a vincere, è necessario mantenere quel ritmo, non andare oltre mentendo a sé stessi ancor prima che ad altri.

La corsa infatti, mette a nudo gli individui, con tutte le loro capacità ed i limiti invalicabili. Se ci si pone col giusto atteggiamento, onesto, conforme alle proprie potenzialità, probabilmente dopo ore ed ore ci si scopre più capaci del previsto. Al contrario, ci si può scoprire inaspettatamente limitati, se si osa più del dovuto. E' inutile mentirsi: la corsa è democratica ed infallibile in questa sua capacità di misurare i limiti degli individui, tutti gli individui.

Anche grandissimi della corsa potrebbero soccombere se osassero superare la loro propria soglia troppo a lungo; quindi, chi siamo noi per credere di poterlo fare? Competere porta facilmente a questa perdita di contatto con sé stessi, e spesso esaurisce. I grandissimi dell'ultramaratona, solitamente raggiungono il risultato non competendo contro altri, ma misurandosi con loro stessi nel rispetto di quel limite invalicabile. Tipicamente, chi fa la gara sull'altro, finisce per perdere di vista questo fondamento, e prima o dopo, in una competizione così lunga, non reggerà. In questo tipo di competizioni, dunque, vince davvero il migliore. E migliore sarà colui che avrà tenuto calma la mente fino alla fine, e che taglierà il traguardo quando sarà il suo momento, anche se lo facesse per ultimo.

SPARTATHLON

Il mio memorabile 2017 è l'anno in cui, finalmente, riesco a far parte della spedizione di 20 italiani invitati a partecipare alla Spartathlon. La gara di ultramaratona più celebrata al mondo, si corre ogni fine settembre da Atene a Sparta, per 246 Km, e ripercorre le gesta di Fidippide, un emerodromo vissuto nella Grecia Antica. Egli, per chiedere aiuto agli spartani nella guerra contro la Persia, venne mandato dal senato di Atene al cospetto di Re Leonida fino a Sparta, e vi giunse a piedi, correndo senza sosta fino alla meta. Questa celebre impresa, è diventata una gara che ogni anno recluta i 300 più motivati ultramaratoneti al mondo per misurarsi in una competizione spettacolare, probabilmente la più blasonata e la meglio organizzata nel panorama della corsa su lunghissime distanze su strada.

Per arrivare preparato, leggo moltissimo e mi attengo ad un regime di comportamento ed allenamento quasi militare per alcuni mesi. Leggo, approfondisco, medito, dormo; e corro molto, almeno abbastanza da partire pienamente motivato a portare a casa quella medaglia pesantissima e bellissima.

Giunti ad Atene, è bellissimo condividere l'esperienza del pre-gara con gli altri italiani e con atleti provenienti da tutto il mondo, in uno spirito che è quanto di più Olimpico io abbia mai vissuto. Ma la partenza si avvicina, e con essa aumenta l'emozione, incontrollabile. L'ultima notte passa praticamente insonne. Alla partenza le gambe quasi tremano. Ma il momento è arrivato, e non resta che correre.

Dopo la prima parte, corsa a giri piuttosto sostenuti (9 ore e 40 al massaggio dei 100 km), ecco che iniziano i problemi. I problemi ci sono sempre in una ultramaratona, quasi inevitabili, e dunque te li aspetti: ma ogni volta ti sorprendono nella loro modalità imprevista: freddo, gambe dure, stomaco sottosopra. Qui capita un po' di tutto a rendere il viaggio più travagliato ed avventuroso. E la notte, ai piedi del monte Partenio al km 159, si fa scura.

Lì, tremante come un pulcino bagnato, ricevo il sostegno di una signora gentilissima, che mi offre una branda dove riprendermi la quota di riposo lasciata in hotel ed un tè caldo per rimettere a posto lo stomaco raffreddato. Grazie al suo amorevole sostegno, mi sforzo di ripartire. I primi metri sotto il suo braccio, e poi la ripresa, ardua, pungente e quasi dolorosa nelle gambe. E' dura, ma la testa è presente, resta vigile, focalizzata sul respiro. Si può fare. I molti mesi di allenamento, il ripetersi che la chiave per continuare è nel respiro, osservare il respiro, solo il respiro...una litania quasi insopprimibile nella testa, un guinzaglio che mi riconduce sul tracciato ogni volta che la mente divaga e il corpo viene lasciato da solo a perdersi. Quel guinzaglio, quella disciplina che ho allenato per tanto tempo, mi aiuta a superare la notte, calma la paura, rinfranca lo spirito, sostiene il corpo e lo istruisce su cosa fare e non fare. Cammino in salita, rispettando i limiti evidenti di una notte difficile, saluto i tanti che mi sorpassano, e poi riprendo la corsa, ritmica, monotona, ma efficace e di nuovo serena.

Un ultimo ostacolo mi separa dalla statua di Re Leonida, i cui piedi dovrò toccare per celebrare il mio traguardo: un polpaccio, provato dalle ormai 30 ore di corsa, si fa pian piano dolente, poi gonfio e caldo, con una stilettata lancinante sempre più dolorosa ad ogni passo che faccio. E mancano ancora 40 km al traguardo, insomma una Maratona.

Non ho ricordi così nitidi di come sia stato possibile continuare a correre sotto quella tortura, ma la corsa dopo così tante ore diventa un gesto automatico, naturale, inevitabile, e quando si riesce a meditare mentre si corre, il tempo scorre con una scansione diversa, e non te ne accorgi neanche. L'arrivo davanti allo stadio di Sparta e la vista di quella statua, beh, ammetto che ho ancora le palpitazioni quando ci penso.

AI PIEDI DI LEONIDA Secondo regolamento Nicola Placucci
all'arrivo tocca la statua del sovrano spartano e si ferma il cronometro

go in tracciato che non finisce
mai. «In pratica è come terminare
la Nove Colli Running e iniziare

contri in una festa».
PLACUCCI ha fatto ritorno a casa,
pronto a indossare nuovamente il

94

95

4.

NUTRIRE IL CORPO

"E' preferibile un cibo anche un po' nocivo ma gradevole, a un cibo indiscutibilmente sano ma sgradevole". Ippocrate di Kos

Da anni, ormai, non si sente che parlare di alimentazione. Cibo, cucina, chef, diete, ristoranti, ingredienti, ricette: ne abbiamo tutti una testa così.

Per completare la mia visione della corsa su lunghissime distanze, vorrei contribuire a questa psicosi collettiva scrivendo la mia su come ci si nutre per correre lunghissime distanze. Quindi, cari lettori, se siete giunti fino qua, in questo capitolo arriverà la vostra prova di sopportazione più ardita. Coraggio!

Anche se ho una laurea in Medicina, non ho avuto occasione di studiare professionalmente la nutrizione. Lungi da me, quindi, l'obiettivo di illustrare le proprietà nutrizionali degli alimenti, la loro funzione nell'organismo, l'importanza di una dieta sana. Alcuni sono concetti ormai noti anche alla "massaia", e ogni genere di materiale informativo e professionisti di nutrizione sono a disposizione di chiunque in rete per approfondire l'argomento e creare diete personalizzate.

Il mio focus, qui, è quello di ricollegare l'alimentazione nella corsa a tutti i concetti già espressi nei precedenti capitoli; la corsa è un'attività che non può essere sezionata in "parti" anatomiche, ma è una esperienza totalizzante, che abbraccio spirito, mente e corpo, dove tutto si ricollega a tutto. La suddivisione in questi capitoli ha solo uno scopo ordinativo, di chiarezza, ma ogni argomento si embrica con gli altri in più modi, e alla fine si ruota sempre attorno allo stesso modo di concepire la corsa.

Il corpo va nutrito, e dunque ciò che utilizziamo per nutrirlo, si riflette, ovviamente, sul corpo stesso, ma anche sulla mente e sullo spirito. Nella corsa queste relazioni sono addirittura amplificate, e dunque è importante essere consapevoli che nutrirsi adeguatamente è parte della preparazione di un ultramaratoneta, per avere buoni risultati nelle gare ma, ancor prima, per vivere un'esperienza di running pienamente soddisfacente.

Negli argomenti sulla nutrizione si inserisce anche il fondamentale aspetto dell'idratazione, di cui parleremo in parallelo.

Esistono 4 momenti principali rispetto a quanto diremo: l'alimentazione in generale del podista, la nutrizione durante i periodi di allenamento intenso, la nutrizione pre-gara, la nutrizione durante la competizione e al termine della stessa.

Essere ultramaratoneti a tavola

Per potersi rendere capaci di correre lunghissime distanze, non si può lasciar andare il corpo alla deriva. La consapevolezza di quali siano i modi e tempi per mantenersi in buone condizioni di salute, è parte di una vita sana in generale, e lo è ancor di più se si diventa sportivi. In questa consapevolezza rientra anche la cura della propria alimentazione. Ci sono molti livelli di attenzione a questo aspetto, ed oggi si incontrano persone che vi dedicano buona parte del loro tempo; però, sia chiaro, non è necessario vivere in maniera maniacale l'attenzione alla dieta per poter diventare ultramaratoneti. Credo che il giusto equilibrio alimentare, guidata da un atteggiamento consapevole ma permissivo, sia la "ricetta" giusta.

Dal punto di vista quantitativo, va considerato che molte ore di allenamento fisico richiedono molte calorie, quindi, brutalmente, basti dire che l'apporto calorico va aumentato. Ma la cosa non è così lineare: il corpo di chi pratica la corsa da lungo tempo tende ad abituarsi al calo glicemico, sviluppa un metabolismo cellulare molto fine e ad alto rendimento, e finisce per consumare una quota di "litri al chilometro" più ridotta di chi è abituato ad una vita sedentaria; in sostanza si diventa veicoli a basso consumo, economici.

Ad ogni buon conto, si può aumentare l'apporto di energia con il cibo tramite due macrogruppi di alimenti: i carboidrati ed i grassi. A tal proposito si può sentire tutto ed il contrario di tutto: i mitici maratoneti africani, come Eliud Kipchoge, primatista mondiale dei 42,195 km, si nutrono quotidianamente di abbondanti carboidrati sotto forma di pane bianco ed ugali, una sorta di polenta. E il rendimento di questi atleti lo conosciamo, è qualcosa di prodigioso e a stento spiegabile dalla scienza. Al contrario, nei paesi europei e anglosassoni, specie negli ultimi anni la tendenza per gli atleti di endurance è di incamerare calorie attraverso cibi ad alto contenuto di grassi, come pesce (salmone in primis), carni, burro, avocado, formaggi, uova. Anche in questa area, vi sono grandissimi maratoneti, non all'altezza di quelli africani; tuttavia, più si allungano le distanze e più gli atleti di provenienza europea, supportati da un simile regime dietetico.

L'idea che possa esistere una dieta ideale per tutti gli individui è ingenua. Tutti noi siamo diversi, e molti alimenti possono risultare intollerabili ad alcuni e preferiti da altri. In questo quadro d'insieme, il miglior lavoro che si può fare su sé stessi, a tavola, è sempre lo stesso già visto e ripetuto: prestare ascolto alla propria guida interiore. Il nostro istintivo gradimento per un cibo, assieme al rifiuto per un altro, costituiscono in prima battuta il miglior metodo che abbiamo per scegliere quale cibo ci farà bene mangiare. E' istintivo capire quale alimento sia giusto e quale sbagliato, se si presta attenzione alle sensazioni inviate dal proprio corpo.

Nei periodi normali, dove non si preparano gare e dove ci si allena con regolarità ma senza intensità particolare, ci si può ampiamente fidare del proprio istinto per basare la propria dieta, e prediligere liberamente carboidrati o grassi come apporto calorico, anche variando molto a seconda dei periodi. Nella maggior parte delle diete vi saranno entrambe le componenti variamente bilanciate, ovviamente insieme ad una quota variabile di proteine. Scegliere una dieta più ricca di grassi e un po' più scarica di carboidrati, personalmente, ritengo abbia un vantaggio pratico: si possono incamerare quote di calorie maggiori, a parità di peso di cibo ingerito. In sostanza, il cibo grasso, essendo più calorico, basta in quantità minori a supportare il fabbisogno di un organismo che consuma molto, come quello di un runner. Riuscire a fare scorte energetiche riducendo il volume di cibo ingerito, può inoltre facilitare la digestione e la corsa dopo i pasti, perché il lavoro dello stomaco sarà in parte ridotto; tuttavia l'abitudine ad una dieta eccessivamente grassa, può avere conseguenze negative su fegato, arterie e cuore. Chi predilige il carboidrato, invece, come quasi tutti gli abitanti del bacino mediterraneo, si avvantaggia di un metabolismo che sovraccarica minormente il fegato e l'apparato cardiovascolare; tuttavia, a parità di calorie incamerate, si riempie maggiormente il tratto digestivo, il cui lavoro è spesso lungo ed impegnativo, con conseguenze anche sulla possibilità di correre per ore.

Osservando gli animali, carnivori ed erbivori, ci si rende conto delle grosse differenze nei modi e nelle attitudini al movimento; i carnivori tendono ad essere più scattanti e potenti, ma scarsamente durevoli, si pensi al leone; al contrario gli erbivori hanno minor reattività, sono più flemmatici, ma sono molto più inclini allo sforzo di lunghissima durata, come per esempio il cammello. Ciò potrebbe far pensare che anche nel mondo dei runners vi siano "carnivori" ed "erbivori": ed è proprio così, volendo fare una divisione sommaria. Più si allungano le distanze e le durate, e più si tende a consumare una dieta vegetale; probabilmente la minor quantità di tossine e la maggior quantità di acqua contenute negli alimenti vegetali, garantisce una miglior tolleranza allo sforzo durevole; di contro, si riduce la quota proteica animale, e questo rende il muscolo tipicamente meno reattivo e brillante, anche se non necessariamente meno potente. Si pensi all'elefante, animale vegano per natura, e alla sua potenza e resistenza muscolare: l'animale è in grado di sradicare alberi dal suolo e di marciare per giorni senza posa.

Una buona regola per mantenere il proprio corpo pulito, leggero e pronto ad intensificare l'allenamento, è quello di osservare almeno 12 ore di digiuno dalla cena alla colazione del giorno successivo. In questo modo, per almeno metà della giornata, il nostro organismo non sarà impegnato totalmente a processare e digerire cibo; è comune esperienza, infatti, verificare che spesso, dopo i pasti, aumenta la sonnolenza. L'energia ed il sangue, in quei momenti, abbandonano i tessuti periferici e il capo, e si concentrano negli organi addominali per supportare la digestione: va da sé che correre in quei momenti è sconsigliato, oltre che scarsamente efficace. A questo proposito, la corsa mattutina a digiuno, anche se di breve durata, andrebbe praticata regolarmente. E' quello il momento più consono al corpo per affrontare l'allenamento.

Alcuni alimenti, per condizionare il proprio corpo alla corsa su lunghissime distanze, andrebbero evitati quasi completamente. Quel "quasi" sta a sostanziare il fatto che, talvolta, è più salutare una indulgenza su qualche alimento "sbagliato", piuttosto che l'impegno mentale costante di dover verificare e selezionare tutto ciò che si mangia. In altre parole, seppur non regolarmente, conviene concedersi uno strappo. Anche in questo ambito non vige una regola assoluta per tutti: dipenderà anche dalla particolare tolleranza e dal gradimento del soggetto, etichettare un cibo come "sbagliato" oppure no. Tuttavia, tendenzialmente, i cibi da evitare per tutti sono: zucchero, cibi confezionati a base di zucchero, alcoolici, fritti. Con tutto gli altri alimenti, se non ci si sta allenando duramente, si può far quadrare il proprio cerchio come si crede, osservando l'unico accorgimento di esercitarsi ad ascoltare molto il proprio corpo dopo essersi alimentati.

Il contatto stretto con il proprio corpo, specie dopo il pasto, somiglia molto a quell'osservazione consapevole del respiro che ho proposto per la corsa, ma stavolta applicato alla funzione digestiva. E' un modo per leggere i segnali del corpo, interpretare le sue reazioni ai diversi cibi: ci si accorgerà ad esempio che qualche alimento "sano" per definizione, può non essere ben tollerato dal proprio stomaco (esempio: succo di arancia, mela); oppure, contrariamente, che qualcosa di notoriamente indigesto non è poi così mal tollerato (esempio: cipolla, latte). Così, si guiderà in autonomia il proprio comportamento alimentare alla ricerca di una propria ottimizzazione, in maniera morbida e personalizzata.

Sull'apporto idrico quotidiano, la mia visione è altrettanto relativista: non mi ritrovo concorde e non consiglierei mai un apporto di liquidi fisso da rispettare, a meno che non entrassimo nel campo della patologia in cui l'acqua può fungere da medicamento. Per un soggetto sano arebbe un consiglio grossolano, credo anche controproducente.

Il consumo di acqua dipende dall'individuo, con una variabilità enorme, e dipende moltissimo dalla dieta, in generale ed in quel particolare giorno, il ché apporta ulteriormente grande variabilità. Chi si nutre per una vita di carni rosse, ad esempio, abbisogna di molta più acqua di chi vive con un regime nutritivo vegetale integrale, oserei dire più del doppio. Inoltre, lo stesso peso corporeo è una variante significativa rispetto al fabbisogno di liquidi quotidiano: un elefante beve più acqua di un leone, pur essendo lui il vegetariano, ma il perché di ciò è intuitivo. Infine, ma di altrettanta rilevanza, è il clima: la stagione calda richiede notevoli quantità di acqua in più, ovviamente.

Alla luce di tutto ciò, il quotidiano fabbisogno di acqua di un individuo adulto può variare considerevolmente; e chi può essere l'unica persona in grado di dirci qual'è la quantità giusta? Facile, sempre la solita persona, ovvero noi stessi. Solo noi abbiamo quel formidabile strumento che è il senso della sete. Si dice sempre di apportare acqua in corpo prima che sopraggiunga la sete. Se ciò è verissimo in situazioni di intossicazione, di malattia o sotto lo sforzo dell'allenamento, non è altrettanto vero, a mio giudizio, per la normalità quotidiana. In condizioni normali, infatti, ascoltando il proprio corpo si capirà spontaneamente quando bisogna bere e quando, invece, bere non serve. Con una buona alimentazione, equilibrata e scarsamente tossica, quindi prevalentemente vegetale, il fabbisogno di acqua, specie nei mesi invernali può essere davvero minimo; berne quantità eccessive può non essere davvero gradito all'organismo, che dovrà sottoporre ad un lavoro ulteriore l'apparato emuntore.

Capita spesso ai Medici di confrontarsi con persone, specie giovani donne, che lamentano disturbi digestivi nonostante una dieta praticamente irreprensibile. Poi, indagando meglio, si scopre che costoro bevono grandi quantità di acqua ai pasti, con lo scopo di "riempire lo stomaco" e ridurre l'apporto di cibo, quindi di ottenere calo ponderale. In realtà, l'effetto che ottengono è tutt'altro che positivo, in quanto con questa abitudine si diluisce la quota di succhi gastrici presente nello stomaco, e se ne riduce notevolmente il potere di digestione primaria del cibo; seguirà una digestione lenta, inefficace, addome teso, eruttazioni, alito pesante, ed un residuo inesaudito senso di fame. Non è raccomandabile, quindi, bere abbondantemente ai pasti, quando sarebbe invece ideale consumare pochi liquidi, tiepidi per di più. Fuori dai pasti, invece, non ci sono indicazioni universali, eccetto seguire il senso della sete.

Dunque, in definitiva, non è necessario darsi regole precise; nella vita di tutti i giorni, se si è abituati a correre quasi quotidianamente, ci si può fidare del proprio istinto nello scegliere gli alimenti che danno buon nutrimento al corpo e allo spirito dando campo aperto al proprio gradimento, salvo poche limitazioni, in termini di quantità e qualità di ciò che introduciamo. Non avere regole rigide, non dover seguire un regime dietetico stretto e preciso per la maggior parte dell'anno, quando si corre con regolarità ma senza esagerare, è un ottimo modo per allentare la tensione senza ripercussioni significative sul rendimento, e per farsi trovare pronti ad un giro di vite quando i giochi si faranno duri con la corsa.

Nutrirsi durante la preparazione
Quando decidiamo di prendere parte ad una competizione, cosa che solitamente nell'ultramaratona avviene qualche mese prima della gara, si mettono in moto una serie di comportamenti finalizzati a farsi trovar pronti all'evento, e si comincia a misurare mentalmente il tempo mancante per occuparlo al meglio con la preparazione. L'obiettivo, per noi che non siamo professionisti, è sempre quello di trovare la giusta alchimia tra la vita normale, fatta di famiglia, amici e lavoro, e la corsa, che ci tiene compagnia e ci impegna per una parte considerevole delle nostre giornate.

Anche a tavola, quando si prepara una gara, si comincia a prestare più attenzione a ciò che si mangia, ma è opportuno cercare di evitare eccessiva "disciplina", poiché finirebbe per diventare pesante per l'atleta e per i suoi cari, spesso costretti a non condividere il pasto con lui.

In ogni caso, se si passa da 100 a 200 km la settimana, come quando si prepara una ultramaratona, occorre una dedizione notevole a tutto tondo, nutrizione compresa. A tavola, infatti, si assumono i mattoni necessari a costruire l'impresa, che in queste fasi, che lo si voglia o no, esce un po' dalla sfera della pura esperienza personale spirituale, e si trasforma in un momento di competizione e performance. Può non essere un passaggio facile, né gradevole, ma se lo si è scelto, perché si vuol correre una gara, è necessario imprimere alla propria abitudine nutrizionale un cambio di passo, una maggior disciplina.

Il tutto succede almeno per 4-8 settimane, a seconda del livello di partenza e delle aspettative sull'evento. Quest'ultimo aspetto, l'aspettativa sull'evento, è per chi vi parla particolarmente controverso. Non sono un amante della performance, e dunque il rischio di fornire qui informazioni poco "scientifiche" in merito alla dieta più performante è alto: tuttavia, e ormai risulterà chiaro a chi legge, il mio approccio al correre lunghissime distanze è quello di prediligere la bellezza dell'esperienza piuttosto che il risultato…dunque, anche se vi state preparando per una gara, consiglio di non togliervi mai completamente il piacere della tavola e l'appagamento dello spirito. Fatto il dovuto preambolo, qualche nozione.

Partendo da quanto menzionato nella sezione precedente circa l'alimentarsi in periodi normali, si può amplificarne i caratteri, ed effettuando solo qualche rinuncia, si può rendere la nutrizione ancor più "performante". Per allenarsi intensamente infatti, servono: più calorie, meno tossine, più liquidi.

Aumentare l'apporto calorico significa aumentare l'apporto di carboidrati o di grassi. Per quanto visto in precedenza, aumentare la quota di grassi può rivelarsi utilissimo e super efficace. Sarà tuttavia naturale per il nostro corpo richiedere una quota considerevole di energia "rapida", pronta all'uso, sotto forma di carboidrati. In questo periodo sarà opportuno ascoltare ancora una volta i segnali del corpo, e assecondarli: quindi lunga vita ai carboidrati, specie se integrali. Non si stresserà mai abbastanza l'importanza di una buona masticazione, di una buona abitudine a mangiare con calma, da seduti, senza troppe distrazioni o tensioni durante quel momento così importante della giornata. Sarà fondamentale aumentare l'apporto calorico nelle giornate che precedono i "lunghi", specie per cena, possibilmente presto, e confermare il rifornimento al mattino con una colazione appetitosa. Tendenzialmente, se si esce per allenamenti lunghi, si salta il pranzo, o si pranza in maniera molto frugale; pertanto, la cena, diventa un momento di grande reintegro nutrizionale, prima del meritato riposo. Contrariamente a quanto si sosteneva anni fa, se si pratica sport e si consuma molta energia, non è affatto sbagliato fare un pasto abbondante la sera; lo si può e lo si deve fare, a patto di non coricarsi subito dopo il pasto, non combinare male gli alimenti, osservare possibilmente la finestra di 12 ore di digiuno dopo il pasto, per dar tempo al tratto digestivo di fare il suo lavoro ed ultimarlo prima di essere messo nuovamente sotto stress. Con una ottima cena il giorno prima, seguita da una colazione non troppo abbondante, si può partire per un "lungo" o un "lunghissimo" e seguire il proprio flusso di necessità, ascoltando la nostra guida interiore che ci darà segnali di fame al momento opportuno. Se l'allenamento sarà particolarmente lungo ed intenso, trattandosi di situazioni non comuni, sarà raccomandabile anche integrare sali ed oligoelementi, o con cibi naturali ad alto contenuto di questi nutrienti, oppure con integratori preparati, se non si ha tempo o voglia di ricercare il tutto in natura. Quantità e modalità di assunzione degli oligoelementi, non sono argomenti che intendo approfondire e non sono parte della visione che si presenta in questo testo, quindi rimando ad altri testi specializzati, sicuramente più validi.

Ingerire una scarsa quantità di tossine, pur essendo un assunto sempre valido da osservare, lo è ancor di più in fase di preparazione atletica intensa. Durante questi periodi, infatti, l'organismo spinge la funzionalità di fegato, reni e muscoli ai massimi livelli, ed una quota più ridotta di tossine da processare ed eliminare, garantisce la continuità e l'efficienza del lavoro di questi organi, con notevoli ripercussioni positive sul rendimento della corsa. Se non è intossicato, il fegato svolge meglio e molto più celermente le funzioni di glicogenolisi e lipolisi, utili a smantellare le riserve caloriche da fornire ai muscoli; al contrario, energia meno "pulita" arriverebbe ai muscoli, con conseguente minor rendimento e più probabile comparsa di dolori, infortuni, tensioni muscolo-tendinee. Allo stesso modo, i reni, se il corpo non è intossicato, possono eliminare facilmente dal corpo tutti prodotti di scarto, che al contrario si accumulerebbero nel sangue causando danni e disfunzioni a vari livelli. Il tutto, diventa ancor più vero e dimostrabile in prima persona, quando si corrono lunghissime distanze, e si producono inevitabilmente molte tossine a causa dello sforzo fisico prolungato. Un corpo pulito e leggero affronta molto meglio questa prova. Nella pratica, per ridurre il consumo di tossine, nei periodi di preparazione è consigliabile evitare completamente alcoolici, caffé, carni rosse, fritti, creme e dolci, zucchero in ogni sua forma, cibo prodotto industrialmente in genere, per via dell'alto contenuto di conservanti chimici. L'osservanza di una dieta simile, che sembra molto difficile, diviene in realtà molto facile, quasi automatica, se si prende l'abitudine di prestare ascolto al proprio corpo in relazione a ciò che si è mangiato; molti sono i segni del gradimento o del rifiuto corporeo a certi cibi intossicanti; ad esempio: pruriti, calore, bruciori, dolori addominali, palpitazioni, appesantimento respiratorio, appesantimento degli arti, fatica, depressione psichica o ansietà, dolori muscolari. Tutti questi segni, anche in forma minima, si accompagnano spesso all'ingestione di cibi intossicanti: occorre solo un buon contatto con la propria guida interiore, per potersene accorgere e quindi evitarlo spontaneamente, e ciò è assolutamente alla portata di tutti.

La cura dell'idratazione, che non va stressata in condizioni normali, diventa più importante sotto allenamento. Più liquidi in circolo significano più facilità di trasporto dei nutrimenti dal tratto digestivo ai muscoli ed al cervello; d'altra parte significano anche miglior trasporto delle tossine ai reni per l'escrezione finale. Considerata la quota imponente di tossine prodotte da un corpo in stress ossidativo da tante ore di corsa, è necessaria molta acqua in circolo per un trasporto efficace. In pratica, in questa fase, l'apporto di liquidi normale va mediamente raddoppiato. Difficile anche qui stabilire dei numeri, sarebbero inaffidabili e costrittivi: meglio affidarsi ad una propria consapevolezza interna, che ci darà l'insieme delle informazioni utili a capire quanto bere; potrebbero essere 3 litri o 6 o anche molti di più in un solo giorno: se serviranno, l'organismo sarà ben lieto di accogliere tanta acqua, se invece li trangugeremo anche laddove non serviranno, si avvertirà pienezza, nausea, rigurgiti, capogiri. Quello è esattamente il momento in cui smettere di bere, perché, incredibile a dirsi, ma anche l'acqua può essere tossica se introdotta nel corpo in eccesso.

L'integrazione salina dei liquidi diventa utile, per non dire necessaria, nei "lunghi", nella stagione estiva, negli sforzi di alta intensità. Ciò può rendere anche più appetibile l'assunzione dei liquidi, per non dover sempre bere comune acqua in quantità talvolta indigeste. Se lo si ritiene, e se ci si sente confortevoli con questa abitudine, si può integrare buona parte dei liquidi persi con bevande diverse dall'acqua, per aumentare il proprio gradimento mentre si accumula tanta fatica. Lo spirito va appagato, altrimenti l'intero edificio crolla su sé stesso.

Pasti specifici prima dello start

Quando la preparazione ad una gara è ormai ultimata, si comincia a sintetizzare tutto il lavoro svolto e fare il conto alla rovescia. La sintesi si verifica anche sotto il profilo nutrizionale, in quanto tutti gli aspetti cui si è prestata attenzione fino a quel momento, ora diventano critici e possono essere persino determinanti.

Personalmente, ho riscontrato che le cose devono cambiare in modo sostanziale quando manca una settimana alla gara. Durante l'ultima settimana, l'allenamento è già entrato da qualche giorno nella fase di scarico, pertanto diminuisce il fabbisogno calorico corrente; nello stesso tempo, tuttavia, si deve "calcolare" un accumulo di energia "giusta", di riserve idriche e di oligoelementi preziosi, per poter sostenere corse lunghe anche 30 ore o più. Nel far ciò devono essere tenuti in conto vari fattori.

In primo luogo, il corpo non va intossicato, pertanto è certamente un bene incamerare molta energia, ma ciò va fatto con gli alimenti giusti, sani e puri. Non è consigliabile fare incetta di cibi ad alto contenuto di zucchero, o anche carboidrati semplici in grande quantità, poiché il rilascio di energia dato da questi alimenti, espresso dall'indice glicemico, è troppo elevato: in altre parole, sono un carburante buono per gli sforzi brevi e intensi, non tanto per la nostra corsa, prevedibilmente lunga e lenta. Non sono consigliabili nemmeno cibi particolarmente saporiti, speziati, intensi nei sapori; questi aromi, per quanto buoni e persino utili in una alimentazione normale, possono sovraccaricare lo stomaco e il fegato, manifestandosi poi facilmente in gara con sintomi digestivi e secrezioni corporee più acide, come sudore, urina, saliva. Da ridurre anche le carni rosse, per chi le assume, per la loro propensione a "scaldare" molto l'apparato digerente. Ovviamente, è opportuno eliminare alcool ed anche caffeina, per riuscire a massimizzare anche il sonno.

In secondo luogo, l' ottimizzazione metabolica deve essere massima, per consentire uno sforzo lungo supportato da un fegato in grado di erogare la giusta quantità di energia, con i tempi giusti. Per fare ciò, si segue uno schema che personalmente ho appreso negli anni da altri atleti e letture, e poi ho ottimizzato a mio piacimento riscontrandone l'utilità. Invito chiunque a non prestare eccessiva attenzione alle teorie di vari ed eventuali "esperti", compresa la mia, ma di considerare le esperienze degli altri sempre e comunque in relazione alle sensazioni che si avranno prestando massima attenzione alla propria guida interiore.

A ciascuno la sua dieta pre-gara, insomma. E la mia, per esempio, segue questo razionale: nei giorni dal settimo al quinto prima della gara, ci si riposa tanto, si cerca di aumentare l'apporto di liquidi, si rimuove completamente dalla dieta qualsiasi cibo intossicante, si fa qualche spuntino con alimenti ricchi di oligoelementi, i cosiddetti "superfood":

noci, frutta secca, fave di cacao, semi, frutti di bosco, avocado, cocco. Non ci si deve mai dimenticare, inoltre, si integrare i propri pasti, preferibilmente all'inizio, con una porzione di insalata o verdura cruda in genere, per favorire con la fibra la pulizia intestinale quotidiana.

Nei giorni dal quinto al terzo, si prosegue su questa linea, ma si eliminano totalmente i carboidrati. Questo, probabilmente, renderà quei giorni i più difficili, e ci si potrebbe transitoriamente sentire fiacchi. Tuttavia, il senso di leggerezza sperimentato, la facilità nel digerire e la grande pulizia a cui il corpo va incontro in quei giorni, possono rivelarsi molto interessanti da provare. Una fase simile richiede comunque un supporto calorico, e quindi saranno giorni in cui si baserà la dieta sui grassi e sulle proteine, non dimenticando mai la porzione di verdura cruda. Io preferisco un elevato utilizzo di olio d'oliva, noci in abbondanza, avocado, formaggi e uova, pesce grasso come il salmone o lo spada. Il fegato, che è una sorta di "spugna" ad altissima efficienza energetica, in quei giorni si spremerà di tutte le vecchie riserve di glicogeno e grassi, che sono stoccati insieme alle scorie dei giorni di allenamenti e della dieta precedente, e si abituerà ancora una volta ad ottimizzare la "demolizione" di questi depositi, processo che sarà poi determinante in gara. Fondamentale è anche un poderoso apporto di liquidi per questa fase di catabolismo indotto, pena vari effetti collaterali dovuti alla grande quantità di scorie circolanti. Si uscirà da questa fase piuttosto leggeri e depurati, ma non pronti ad un lungo sforzo. Si è vuoti di riserve di glicogeno, pronti per essere riempiti di energia "nuova".

A questo punto, nei 2 giorni che precedono la gara, si inverte la tendenza nutrizionale e si passa al segno "+": io normalmente reintroduco i carboidrati, preferibilmente integrali, in grande quantità. Mezzo chilo di pasta integrale o riso al dì, per due giorni, quindi 250 grammi sia a pranzo che a cena. A questi unisco anche grassi ben digeribili, quindi per lo più olio e noci, ed elimino le proteine. E' utile continuare l'apporto di superfood per arricchire la dieta di minerali e vitamine ed enzimi, e di insalata, per facilitare il transito intestinale ed arrivare allo start il più possibile scarichi di scorie intestinali. Inoltre, ancor più importante in questa fase, è continuare a bere liquidi in abbondanza, anche se è consigliabile bere molto lontano dai pasti, per non interferire troppo con il processo digestivo andando a diluire i succhi gastrici con troppa acqua. Un maestro di corsa, un forte maratoneta, mi consigliò anni fa di bere tanto da ottenere sempre la "pipì bianca" (trasparente, intendeva) il venerdì ed il sabato in previsione della maratona la domenica. Da allora, ho sempre visto quel consiglio semplice e naturale come qualcosa di prezioso, e quando per vari motivi non l'ho osservato, l'esperienza della gara, in qualche modo, è sempre stata più problematica. Il ricambio di liquidi garantisce la depurazione dalle scorie, l'idratazione del muscolo, la circolazione del nutrimento, ed è fondamentale alle soglie di una ultramaratona.

Nelle ultime ore prima della gara ormai i giochi sono fatti, ma alcuni accorgimenti possono rivelarsi utili. Se si saranno fatte adeguate scorte energetiche, non sarà più necessario fare pasti abbondanti. Mangiare abbondantemente, poco prima della partenza è pressoché inutile al fine di aumentare le riserve energetiche, e può seriamente compromettere la corsa poiché la digestione in atto, come già menzionato, attiva il sistema nervoso parasimpatico e riduce l'apporto di sangue ai muscoli e al cervello. Quando si comincia a correre, è opportuno esattamente ottenere l'effetto opposto: quindi avere lo stomaco quasi vuoto alla partenza è un ottimo modo per cominciare. Ideale sarebbe avere vuoto anche l'intestino, ma questa condizione è più difficile da ottenere.

Con il tempo si impara a gestire i propri tempi, in ogni caso sarebbe ottimo riuscire a "programmare" la cena del giorni prima della gara e la colazione prima dello start, nella qualità, nelle quantità e nei tempi, in modo da ottenere una evacuazione abbondante prima di partire. Personalmente, trovo utile questa condotta: la sera prima della gara ceno molto presto, abbondantemente, e non lesino con insalata ed olio d'oliva crudo; dopo una bella dormita (ma non sempre si riesce, quando si innescano emozioni legate alla gara), l'indomani mi sveglio con un caffè caldo e faccio due passi. La colazione è scarsa, con cibo secco, senza troppi liquidi, che berrò invece successivamente: fette biscottate integrali con poca marmellata e burro d'arachidi sono il mio cibo mattutino preferito. Quel cibo, quello della colazione, non sarà mai digerito prima della gara, quindi ce lo porteremo appresso per tutto lo sforzo fisico: per questo, è importante fare grosse scorte di energia fino al giorno prima, e restare frugali a colazione.

Se l'intestino è in salute, normalmente riesce ad ultimare il suo lavoro prima di partire. Se non riesce, c'è sempre la possibilità di farlo anche durante la gara. Questo può essere penalizzante se si ricerca la prestazione, ma soprattutto può peggiorare l'esperienza del correre, e dunque è raccomandabile trovare la propria modalità efficace.

Riguardo a quanto detto, tuttavia, nella maggior parte dei casi non c'è bisogno di fare calcoli calorici o strategie : il tutto può avvenire spontaneamente, in serenità, restando in ascolto del proprio corpo. Nei giorni prima della gara è dunque raccomandabile un po' più di isolamento, silenzio, sonno. Per sintonizzarsi con la propria guida interiore.

Mangiare e bere mentre si corre
A differenza delle altre discipline del running, la corsa su lunghissima distanza, impegnando per tempi lunghi fino a vari giorni, impone veri e propri pasti anche durante lo sforzo, sia esso una ultramaratona competitiva oppure un semplice allenamento "lungo". Può dunque esistere, come esiste, anche una "scienza della nutrizione in gara". A tale disciplina, come al solito, non è strettamente necessario attenersi per ottenere una bella esperienza del correre; tuttavia, avere qualche punto fermo da unire alla propria personale consapevolezza, può

fare la differenza in momenti critici. I problemi durante le gare, infatti, sono stati spesso legati ad aspetti nutrizionali, leggerezze ed errori compiuti per mancanza di esperienza.

Avendo visto come si può costruire la propria dieta nei giorni che precedono una lunga corsa, sarà chiaro che, sotto il profilo nutrizionale, il grosso del lavoro è già fatto. In gara basterà non commettere errori grossolani. La grande quantità di scorte energetiche "nuove" incamerate con l'ultima settimana di dieta attenta, fanno da fondo al gran lavoro che muscoli e fegato, insieme dovranno svolgere; gli uni, consumando con alta efficienza, e l'altro, erogando energia in vari modi e momenti per non andare in default. Detto questo, propongo alcuni accorgimenti pratici che potrebbero rivelarsi fondamentali.

"QUALORA GLI STIMOLI DELLA FAME O DELLA SETE IN CORSA FOSSERO DAVVERO FORTI, EVIDENTEMENTE SI È SBAGLIATO QUALCOSA PRIMA"

Durante la gara è bene mangiare spesso e poco, per non riempire eccessivamente lo stomaco. Come detto, avere lo stomaco troppo pieno e troppo impegnato, richiede molto sangue, sangue che viene sottratto alla circolazione muscolare con intuibili conseguenze. Inoltre, uno stomaco pieno è meccanicamente fastidioso, rimbalza continuamente sugli altri organi addominali causando possibili dolori e dispepsie, nausea e vomito. La stessa condotta è da mantenere con l'acqua, che non va mai bevuta in fretta ed in grandissime quantità. L'effetto di riempimento gastrico con conseguente reazione vaso-vagale, accompagnato da calo di pressione e vomito, è persino più probabile con l'acqua che con il cibo, quindi molta attenzione a questo aspetto è importante: se non si presta questa attenzione, non tutto il male vien per nuocere, perché si imparerà con l'esperienza di una bella vomitata in gara. Questa esperienza, è comune più o meno a tutti i runners.

Qualora lo stimolo della fame o della sete in corsa fossero davvero forti, tali da indurre a ingurgitare grosse quantità di cibo o acqua, evidentemente si è sbagliato qualcosa prima, non ascoltando le sensazioni di "vuoto" che il proprio corpo inizialmente manda in forma lieve. Si ritorna qui all'attenzione al respiro quale sensazione guida anche dell'aspetto alimentare; tipicamente, se si comincia ad essere in esaurimento calorico o idrico, il battito cardiaco e con esso il respiro subiscono una progressiva accelerazione, e sapersi osservare ed ascoltare da dentro, in quei momenti, fa già la differenza e, inducendoci a bere e mangiare in piccole ma preziose quantità, previene il peggioramento della situazione. Se non si riesce a porsi in questo ascolto interiore, e non si mangia e beve con la giusta continuità, i sintomi si fanno progressivamente più insistenti fino a diventare problemi, dai crampi gastrici, all'indurimento del muscolo, dalla sudorazione fredda al giramento di testa, fino la difficoltà respiratoria ed all'esaurimento progressivo. In quei momenti, rallentare ed eventualmente fermarsi, poi bere e mangiare qualcosa, di solito risolvono il problema. Se si è andati troppo oltre, probabilmente quel giorno si paventerà lo spettro di una corsa interrotta anzitempo, di un ritiro. La cosa sul momento può apparire inaccettabile, sconvolgente, ma è capitato a tutti e fa parte del "mestiere".

Dunque, per salvaguardarsi da questa possibilità, l'ideale è nutrirsi spesso e poco, bere spesso e poco, imparando con il tempo a conoscere quale sia la giusta quantità, che non risponde a grammature standard, in quanto ciascuno di noi è una "macchina" unica. Nel rispetto delle proprie caratteristiche, prepararsi a fare piccoli spuntini frequenti previene la necessità di fare grossi pasti.

Il contenuto di questi spuntini non è casuale. Cibo ad alto contenuto calorico e volume ridotto è da preferirsi, come già detto a proposito degli allenamenti "lunghi". Quindi, barrette energetiche e gel sono sicuramente ben concepiti per questa funzione; ma volendo prediligere un'alimentazione il più possibile naturale anche in gara, i cibi ideali sono: noci, mandorle e nocciole, fave di cacao, pezzetti di parmigiano, frutta disidratata, burro di arachidi, riso bianco. Con questi soli alimenti, calorici ed anche ricchi di vitamine e minerali, si potrebbe correre per giorni senza andare in esaurimento, al giusto ritmo e con lo spuntino sempre nei tempi giusti.

Quando si sta bene in gara e si riesce in una tale condotta, calma, equilibrata, vigile, rispettosa, allora il corpo fa cose impensabili e la mente si riposa; lì, lo spirito subentra e mette insieme tutti gli ingredienti dell'esperienza, facendo tutto il lavoro per noi e non facendoci accorgere nemmeno dello sforzo. La giusta nutrizione in gara è fondamentale per raggiungere questo stato quasi mistico.

In relazione al tipo di evento, possono essere o meno presenti una crew a supporto o dei ristori lungo il percorso. Alcune gare sono in autosufficienza, e queste rappresentano una sfida dal fascino ancor maggiore, perché c'è qualcosa di ancestrale e magico nel sapersi arrangiare in tutto fino alla fine. In tali casi, la preparazione di un corposo zainetto è necessaria; metterei in questo zaino gli ingredienti che ho appena sopraelencato, e magari aggiungerei per sicurezza qualche barretta energetica o gel, e qualche pastiglia di sali da sciogliere in acqua. Se sono invece presenti ristori sul percorso, in relazione a quanti sono ed a quale distanza l'uno dall'altro, e soprattutto in relazione a cosa si potrà trovare sul tavolo, si può o meno rinunciare allo zainetto. Di solito si trovano i prodotti "giusti", ed allora ci si può rilassare e godere la corsa senza pensati zavorre appresso. Giusto un paio di gel di emergenza possono fare al caso, portati appresso in qualche modo. Se i prodotti non sono adatti alla nostra condotta alimentare in gara, ad esempio se è presente solo frutta fresca, o solo biscotti, panini o pizza come capita alle volte, allora è meglio comportarsi come se i ristori non ci fossero.

Infine, nelle gare dove non ci sono ristori ma è prevista una crew al seguito, si può ampiamente godere della libertà di farsi servire quel che ci vuole e nel momento in cui lo si vuole, dai propri amici. Quali alimenti e quali e quanti tipi di liquidi mettere nel veicolo al seguito? Quando fare una sosta e quando invece battere il ferro quando è caldo e correre senza pause? E' una scelta dinamica, variabile, personale, frutto di esperienze precedenti e caratteristiche del tracciato e del clima di quel singolo evento, e non ha senso entrare in ulteriori dettagli. Ci si deve ascoltare, e si deve prendere a spunto anche l'esperienza dei propri accompagnatori. La condotta del rapporto con la crew, infatti è spesso e volentieri il valore aggiunto di una gara simile, e può portare a vivere insieme esperienze indimenticabili. Nell'emozione di una gara, dopo molte ore, è possibile anche dimenticarsi quanto sia importante il supporto di questi amici volenterosi, e lasciarsi andare a comportamenti nervosi, irrispettosi. Mi è capitato a volte di vedere scene simili e me ne sono sempre tenuto a debita distanza: la buona educazione e la riconoscenza nei confronti di chi supporta con fatica un nostro sogno, devono essere sempre al primo posto. E, di solito, alla fine di un viaggio simile, si vorrà ricambiare il favore. Fornire supporto, cibo e acqua a chi sta compiendo uno sforzo immenso, è qualcosa che può dare molta gioia, al pari o più di chi sta compiendo l'impresa.

Quanto ai liquidi, è sempre meglio avere con sé un paio di borracce, comode e maneggevoli, da tenere piene o semi-piene in modo simmetrico, una a destra ed una a sinistra, che sia in mano o sullo zaino; in effetti, avere addosso pesi sbilanciati tra i due lati, per ore ed ore, può essere foriero di fastidiosi disturbi nel gesto della corsa. In una gara organizzata spesso sono riportati i punti acqua, oppure si trovano i liquidi ai ristori, ed è bene conoscerne prima le distanze relative per non incorrere mai in un esaurimento. Tenere sempre con sé una quantità di liquidi in esubero è buona norma, specie nelle corse al caldo. Non si deve bere per forza, ma si deve avere un backup di sicurezza al quale fare affidamento se non si trova una fontana, se si perde l'auto al seguito, se non ci sono ristori.

Il giusto bilanciamento tra acqua e sali è un argomento importante, su cui si è scritto tantissimo, e di cui non intendo dare indicazioni con pretese scientifiche. Nella mia esperienza ho imparato che grossomodo se si tende a bilanciare 50-50 le due componenti, non si sbaglia, specie con il passare di ore su ore. Naturalmente, a seconda di quali sali si assumono, se già pronti o da miscelare o persino in compresse, e dunque di quanto sono concentrati, la proporzione può cambiare. Molti notano comunque che bere solo acqua può essere noioso e stomachevole a lungo andare, dunque preferiscono sali da sciogliere in acqua. Altri, più sensibili ai sapori, preferiscono bere solo acqua ed accompagnare l'idratazione con una capsula o una compressa di sali bilanciati, da assumere grossomodo ogni 45-60 minuti. Ad ogni modo, è fondamentale non dimenticare l'assunzione dei sali, specie in estate, perché il modo in cui la carenza di sodio e potassio si presentano al varco di chi non ne reintegra abbastanza, purtroppo è spesso devastante da causare il ritiro. Crampi ed esaurimento muscolare, oltre al rischio di problemi cardiocircolatori, possono insorgere se manca completamente la consapevolezza di quanto sia importante reintegrare i sali nello sforzo prolungato. Detto ciò, rilassarsi e ricordarsi che se si mangia il cibo adeguato, tutto questo può essere quasi trascurato, è l'atteggiamento giusto.

Infine, la parte più importante della nutrizione durante una corsa su lunghissime distanze, specie in gara. Possiamo, anzi dovremmo mangiare e bere sempre ciò che ci va. Se abbiamo voglia di patatine chips, facciamo a modo di avere a disposizione patatine chips; se vogliamo le caramelle gommose comprate al mercato, teniamone un sacchettino; se vogliamo bere Coca-Cola, ne troveremo sempre e non sarà affatto un male berla (anzi, talvolta è il modo migliore per uscire da uno stallo gastro-intestinale); se per noi è utile avere un piatto di pasta pronto al ristoro, chiediamo per averlo; insomma, cerchiamo di soddisfare lo spirito ancora prima che il corpo e la mente, perché infondo è da esso che ricaviamo la capacità si fare imprese simili, ed è per raggiungere una comunione con esso che, consapevoli o meno, ci mettiamo a correre per giorni. E dunque, il nostro senso del gusto va seguito come un guru, e di sicuro ci farà vivere esperienze indimenticabili.

BADWATER 135

Correre la famigerata Badwater 135 è il sogno un po' impossibile di tutti gli ultramaratoneti. Ed io non ero da meno. Da quando ho iniziato a correre ho sempre pensato a quella gara come al massimo della sfida possibile. Ma un sogno va inseguito a lungo, e quasi mai lineare è la strada che conduce ad esso.

Badwater 135 è la ultra più dura e più esclusiva al mondo: ogni anno solo 100 partecipanti da tutto il mondo sono chiamati a sfidare loro stessi nel clima estremo della Valle della Morte, dove a luglio si arriva anche a 57° C, e per l'Italia normalmente si contano 2 partecipanti. Dopo svariati anni di aspettative, finalmente il 2020 sembra essere il mio anno: il 15 febbraio, mentre sto lavorando, apprendo da una diretta Facebook che sarò uno dei 100, e il 9 luglio è già vicino. Perciò, da subito metto bando alle ciance e comincio a programmare una preparazione da professionista, la più estrema della mia vita.

Poi, boom! D'improvviso, la pandemia COVID-19 segna il nostro tempo e getta nell'incertezza ogni progetto. Il mio desiderio, però, è più forte di tutte le incertezze, così continuo a correre. Mi sveglio presto, lavoro di giorno, sfuggo ai lockdown correndo di notte, presto molta attenzione alla dieta e al sonno, faccio allenamenti specifici a digiuno, faccio sedute in sauna per abituarmi al calore estremo. Il tempo stringe e le incertezze mondiali aumentano, ma per la gara non arriva ancora un "no"... fino alla fine di giugno: a preparazione ultimata, dopo aver dato tutto, corpo e anima, scopro che non correrò a Badwater Basin, almeno nel 2020.

Segue un periodo di stanca, sconforto, demotivazione, delusione. E di nuovo arriva l'inverno. Mentre il contagio morsa e le restrizioni continuano, giunge un invito dalla California: a tutti gli iscritti 2020, il diritto a gareggiare nel 2021. E' gennaio, e la scelta è la seguente: lasciar perdere un sogno impossibile, oppure, ripercorrere quella faticosa salita fino al 19 Luglio 2021, altri 6 mesi di passione e sudore, e riprovarci. Raccolgo le mie forze, mi concentro, e scelgo di riprovarci. La preparazione seguirà lo stesso copione del 2020, ma con più determinazione, più fatica, più nervo ancora. E' un tempo duro, di vero sacrificio, ma l'estate è ormai alle porte, e non si può tornare più indietro. Sento il fisico rispondere, spinto verso il suo limite, e la mente, mai così determinata, disposta a tutto.

La gara viene ufficializzata, ma per entrare negli USA, considerato il travel ban, dovrò passare 15 giorni di "quarantena" in Messico. E sia, maledizione! Mia sorella accetta l'invito ad esserci, mentre Silvia resta a casa con il pancione che cresce, troppo caldo per lei in Death Valley. Alla crew si uniranno due atleti americani trovati online che vogliono condividere l'esperienza e fare assistenza all'italiano.

Così il 2 luglio si parte alla volta di Città del Messico. La permanenza nel paese dei sombreri, però, finirà per essere tutt'altro che accomodante. Se dopo le fatiche di un allenamento estremo, mi immaginavo un periodo di relax, sonno, comfort, preparazione psichica, nutrizione perfetta...e invece, mai stato così lontano dallo stare bene (cit.). Restrizioni doganali, visti ESTA che scadono improvvisamente, tamponi su tamponi per gli spostamenti, solo cibo messicano perfetto per non correre, e infine lui...un potente batterio gastro-intestinale, la mia prima malattia dal 2000, che mi costringerà sulla tazza del water circa 15 volte al dì per i 4 o 5 giorni prima della gara.

Sembra un incubo, ma alla fine, per il rotto della cuffia, riusciamo a salire su un aereo per gli Stati Uniti e ad atterrare a Las Vegas, dove John e Kenny ci attendono per portarci a Fournace Creek.

Seguiranno i due giorni prima della gara più importante della mia vita, in cui dovrò cercare di attenuare questi sintomi intestinali orrendi, idratarmi in modo pazzesco, nutrirmi come un body builder per recuperare massa ed energia, mettendo la ciliegina sul lavoro eccezionale fatto a casa per mesi. Insomma, al minimo del mio peso corporeo dalle scuole elementari, con un colorito verdastro e l'umore sotto terra, devo rimettermi in forma e correre, anche se la mia gara non potrà più essere quella che pensavo. Non mi resta che bere, mangiare, bere, mangiare, bere, mangiare. E in queste condizioni, lo so, solo la corsa potrebbe aiutarmi.

Ed infatti, come per magia, lo sparo delle ore 23:00 che sancisce la partenza nel buio del deserto, con il vento caldissimo che ti spazza via il sudore, è la fine di un film dell'orrore. Tornare alla mia dimensione, al respiro, al correre come gesto naturale, silenzioso, garbato e ripetitivo, mi ritempra il corpo, mi calma la mente, e riattiva lo spirito. Passano le prime 5 ore, poi 10, poi 15, e mi ritrovo tra i primi, a correre con una continuità insperata.

La forte disciplina che mi sono ripetuto nella testa per mesi e mesi, si impone: in questa gara bisogna bere, sempre. E così sarà fino alla fine. Sali, acqua, sali, acqua, ogni 3 Km la brava crew mi sostituisce le borracce, e mi lega bandane ghiacciate al collo e alla fronte. Sembra incredibile, ma alla fine berrò 60 litri di liquidi, che è più del mio peso corporeo, e quei liquidi entreranno tutti, senza chiedere il permesso; la sensazione è quella di essere una spugna che assorbe in continuazione ma non basta mai, 'ché mentre tu bevi la pelle ha già sudato tutto, ed il vento caldo ti asciuga all'istante, da non sembrare nemmeno di aver sudato.

La gara volge verso la sua conclusione nella seconda notte; dopo un sonno ineluttabile di mezz'oretta provo a ripartire: da lì in poi, il mio passo si accorcia, la gamba inizia a dolere per lo sforzo, ed i tempi si allungano, ma con essi non viene mai, neanche per un solo istante, a mancare la più forte delle motivazioni a prendermi quel traguardo. Trovarsi in questa condizione ambientale estrema, ed essere così vicino ad un traguardo sognato per una vita intera, mi fanno dimenticare il tragicomico epilogo della preparazione al gran giorno. Così, continuando a bere senza posa come se fosse un esorcismo, un passo dopo l'altro per 217 km, il Whitney Portal diventa realtà, e posso finalmente prendere a morsi la mia agognata fibbia di bronzo, che solo 18 italiani ad oggi hanno potuto indossare;

concludo al 23esimo posto, e resta appena il pensiero di cosa avrei potuto ottenere in condizioni di salute normali, sullo sfondo di ricordi indelebili e bellissimi.

Per quanto sfortunata, Badwater 135 finirà per essere una delle più intense, rocambolesche e fortunate avventure della mia vita, in compagnia di una sorella incredibilmente forte che camminerà al mio fianco nei momenti più duri, e di due sconosciuti formidabili, che ora posso chiamare amici.

Correre lunghissime distanze

5.
GAREGGIARE CON SÉ STESSI

"Non cerco di ballare meglio di chiunque altro. Cerco solo di ballare meglio di me stesso." Mikhail Baryshnikov

Esperienze che insegnano

Se aveste avuto l'ardire di leggere tutto fino a qui, allora potreste ben pensare di saltare il prossimo capitolo e andare già alle conclusioni. Correre lunghissime distanze, infatti, è un modo di vivere, più che una competizione sportiva. La dimensione della competizione, la gara, è solo un momento, peraltro non necessario, che si, può cristallizzare il lavoro lungo e intimo che un ultramaratoneta ha svolto con sé stesso per mesi o addirittura per anni, ma non racchiude la vera anima di questa disciplina.

I giorni più veri, più costruttivi, più difficili, ma anche più soddisfacenti, sono i lunedì, o i giovedì qualunque, quando in autogestione si prepara uno zaino, ci si alimenta previdentemente per fare scorte energetiche, si esce di casa correndo e si rientra, sempre correndo, dopo aver solcato due o tre province e essersi dimenticati del mondo "là fuori" per 8 ore. Da quei giorni, quando tutto è andato bene, si esce depurati, asciugati dagli strati di fatica che la vita normalmente ci cuce addosso. Fatica fisica, fatica mentale soprattutto. Al termine di un lungo allenamento ci si sente rinfrancati e leggeri, pronti ad assorbire nuovi strati di vita senza che si accumulino a quelli vecchi. E lo vedrete, se avrete motivazione a sufficienza di rendervi capaci di correre molte ore e farvi un giro veramente lungo, quando tornerete non sarete proprio gli stessi: certo, sarete ancora voi, non aspettatevi nessuna trasmutazione di identità; ma la calma, la serenità, la capacità di assorbire gli urti senza ammaccarvi, e di agire fattivamente e non reagire nervosamente agli insulti che a volte la vita ci propina, quelle saranno qualità che vedrete maturare spontaneamente in voi quando farete esperienze simili.

Lo confermeranno i vostri amici ultrarunners, se glielo chiederete: la vita assume una frequenza più salda, più armonica, quando si dà continuità alla propria pratica della corsa. I problemi continuano a caratterizzare le nostre vite come sempre, grandi o piccoli, ma il nostro modo di affrontarli, dopo una pratica onesta di questa disciplina, non è più lo stesso. Aver percorso pezzi di mondo, spostandosi da un luogo all'altro solo con l'uso delle proprie gambe, e superando non poche difficoltà, rende un po' più consapevoli dei propri mezzi, e riduce le distanze, le paure, i timori di gettarsi nelle imprese piccole e grandi della vita di tutti i giorni. Correre così a lungo insegna ad esplorare nuove prospettive sulla vita, prospettive che si possono poi applicare anche ad altri ambiti, con grande beneficio. Questo è il regalo più bello che ci si può fare impegnandosi così duramente in una pratica sportiva.

Gareggiare con altri alla ricerca di un risultato, di un riconoscimento agonistico, dunque, è solo un valore aggiunto, una esperienza accessoria. Ma siccome fa parte del "gioco", ed in certi momenti della vita può comunque diventare una priorità, può valer la pena soffermarsi un po' anche su come si prepara, si affronta, si vive, e si chiude una gara di ultramaratona. Ancora una volta, è doveroso sottolineare che ciascuno vivrà l'esperienza a modo suo, e che qui, in poche righe, io propongo solo la mia personale visione ed alcuni accorgimenti che ritengo utili. Il motivo di fondo di questa chiacchierata, comunque, è quello che dà il titolo: gareggiate con voi stessi.

Praparare la gara

Ci siamo già a lungo soffermati sulle fasi che precedono una competizione di corsa su lunghissime distanze, e non riprenderemo tutto nei dettagli, bensì faremo un quadro d'insieme e affronteremo qualche aspetto in più.

Per chi ha già corso maratone o gare più corte, si può immaginare il tempo che precede la gara, è in effetti simile, solo è più dilatato, più lento. Lo scarico dagli allenamenti intensi dura quasi 3 settimane, dormire è più importante perché si perderanno una o più notti di sonno, il carico alimentare e idrico è ovviamente più sostanzioso, in una sorta di rapporto proporzionale con quanto si fa per avvicinarsi alle gare "normali".

Una cosa un po' più elaborata è la preparazione di tutto l'equipaggiamento opportuno, che sia lo zaino, le borse per i punti di ristoro o l'auto al seguito. Nulla è veramente necessario, ma molte cose sono utili, e spesso risolvono problemi altrimenti difficili da superare. Restare nella consapevolezza che ogni problema può essere affrontato anche senza disporre di questo o quell'altro oggetto, è comunque un utile esercizio di tranquillità. Per esempio, disporre dei guanti e di uno scaldacollo per la notte può essere utilissimo, ma in mancanza di essi magari un tè caldo ed una maglia più pesante fanno il resto; saperlo, riduce nettamente l'ansia da prestazione e la preoccupazione che tutto sia perfetto. Nulla è perfetto, e nulla ha bisogno realmente di esserlo. La maggior parte degli oggetti che si portano con sé per una gara, spesso, restano inutilizzati nelle borse ed hanno avuto l'unica funzione di sedare l'ansietà. Come ultrarunners, dopo tanti allenamenti e con una gara in vista, possiamo permetterci già il lusso di essere certi di poter portare a casa le chiappe anche senza pomata scaldamuscoli, piuttosto che senza pantaloncino di scorta; ci sarà già successo di dover risolvere qualche grana da soli, in giro per le strade e lontani da casa, e avremo verificato che tutto è possibile, che le risorse interne sono ben di più di quelle che ogni giorno si mostrano stesi sul divano, e che quasi sempre bastano a centrare il target.

Alcune gare richiedono una check list di materiale pronto all'uso per regolamento, ed ovviamente è giusto oltre che obbligatorio, attenersi alle regole. Normalmente si tratta di gare in condizioni ambientali particolari, quindi con esigenze specifiche. Due cose sono sempre raccomandabili per la propria sicurezza, a prescindere da dove e quando si svolge la gara: se si corre di notte è necessaria una torcia elettrica per vedere e farsi vedere; se si corre in ambienti isolati è opportuno avere il telefono appresso per farsi localizzare o lanciare richieste di aiuto. Su tutto il resto, relax...e se dimentichiamo qualcosa a casa, vorrà dire che dovremo trovare una soluzione al problema mentre corriamo.

Dunque, nel preparare la gara, giunti al momento X con la adeguata preparazione fisica e mentale alle spalle, si tratta solo di tirare fuori lo spirito giusto, e partire.

La serenità dello start

Si può scrivere e leggere di tutto su come gestire un momento di tensione emotiva particolare come quello della partenza di una ultramaratona, e comunque non avremo mai la verità in tasca. Come affrontare i momenti che precedono lo "start" è una considerazione, ancora una volta, del tutto individuale, frutto dell'ascolto della propria guida interiore.

In questi anni mi è capitato di vedere molte esperienze diverse: pianti di paura, sorrisi quasi isterici per nascondere altrettanta paura, canti e musiche per distogliere l'attenzione, inni nazionali con la mano sul petto, e addirittura la benedizione del sacerdote locale. Tutto è concesso, tutto è legittimo, tutto è meraviglioso. Quando sta per incominciare un'avventura di tale portata, si condensano mesi di fatiche, talvolta di sacrifici veri e propri e di rinunce, quindi naturalmente c'è grande aspettativa, e il timore di fare un buco nell'acqua è altrettanto grande.

Se si analizzano tutte le variabili, tutti gli aspetti che sono stati curati e preparati, le cose che devono infilarsi nel modo giusto ed al momento giusto, la gara parte sotto auspici oscuri, perché naturalmente pensare che vada tutto perfettamente è quasi folle. Dunque, se la preoccupazione prende il sopravvento, come fare?

Non sarò io a dirvelo qua, ma sarete voi stessi, dopo la prima esperienza o dopo qualcuna in più, a dirmi la stessa cosa. Bisogna osservarsi, ascoltarsi, riferirsi alla propria guida interiore. Se avremo svolto il lavoro giusto, di sicuro avremo preparato anche gli aspetti organizzativi dell'evento senza tralasciare nulla di ciò che è veramente necessario; e se avremo tralasciato qualcosa, sarà perché lo avremo giudicato superfluo. Insomma, fidiamoci di noi stessi, del nostro lavoro, del percorso che abbiamo fatto per arrivare qui alla partenza, e non temiamo inconvenienti prima del tempo.

Gli inconvenienti arriveranno, e saranno la parte più viva, autentica ed indimenticabile del percorso di quella gara. Quando torneremo con il ricordo a quel giorno, non ci salterà alla mente per primo quel lungo tratto di strada monotono che abbiamo corso senza posa, ma sarà quell'angolo di mondo in cui ci saremo fermati a far passare un mal di pancia, o in cui ci saremo trovati inzuppati di acqua senza un impermeabile, o dove avremo malauguratamente perso gli auricolari del telefono. Sono solo esempi, pezzi di vita, per ricordarci che in gare così lunghe, che somigliano un po' ad epopee di naviganti, l'imprevisto non deve cogliere di sorpresa, ma va preso come un elemento centrale della vicenda, anzi forse il vero protagonista, al quale noi dobbiamo dare la giusta risposta per far si che l'avventura proceda spedita.

Con questa consapevolezza, trovarsi alla partenza di una ultramaratona diventa un'esperienza molto più rilassante e divertente. E' innegabile che ogni volta, come se fosse la prima, lo start rappresenti un momento in cui convergono paure di ogni genere e, farsela un po' sotto è fisiologico, oltre che bello, in qualche modo. Ma con le esperienze passate alle spalle, ci si rende conto che, si, sarà un'altra avventura difficile, si imprecherà, si soffrirà e si dovranno stringere i denti, ma anche questa, come tutto, passerà, e sarà stato bello viverla.

Tra i più esperti ultramaratoneti, alle partenze c'è clima di festa, c'è gioia di rivedersi un anno dopo, c'è il sapore della sfida rinnovata con sé stessi, e c'è grande goliardia. Queste sono le persone da cui, a prescindere dal valore atletico, ho sempre cercato di prendere esempio. Sono le stesse persone che, un passetto alla volta, con molta calma, alla fine arrivano sempre. Magari non hanno mai ragionato troppo su come lo fanno, ma alla fine ci riescono, spesso molto meglio di coloro che talvolta tagliano il traguardo per primi. La maniera serena e allegra con cui si vedono certe persone, talvolta molto attempate o persino con problemi di salute cronici, menomazioni addirittura, avvicinarsi alla partenza e affrontare i primi chilometri di una ultra, è uno dei più begli esempi di vita vissuta con valore, una delle più belle lezioni che io abbia mai ricevuto e che auguro a chiunque. Di fronte a tanta Grandezza, le performance annichiliscono, le distanze si accorciano, le persone, invece, si avvicinano.

Dunque, sereni. E' solo una passeggiata nel parco.

L'importanza della crew
Nel parlare di nutrizione e di equipaggiamento, abbiamo già fatto menzione di cosa significhi, in una ultramaratona, avere a disposizione tutto ciò che può servire. E in certe avventure, estremizzando, tutto può dipendere dall'aiuto esterno, specie se le cose si mettono male. La crew, dunque, è una protagonista del momento, una spalla fondamentale. Proviamo a pensare alle avventure di Frodo senza il suo Sam, e capiremo che non ci sarebbe mai stato un Signore degli Anelli: ecco, la stessa cosa accadrebbe in certe gare, se non ci fosse la crew.

Sia per motivi di regolamento, o sia per una scelta personale di come condurre la gara, la fortuna di avere con sé un'auto al seguito, con qualcuno a prendersi cura di noi durante l'immane fatica, è da prendere innanzitutto con un atteggiamento di gratitudine e stupore. Non è comune, infatti, che qualcuno sacrifichi intere giornate o fine settimana per stare dietro ai sogni di qualcun altro, e ancor meno comune è il fatto che ciò, normalmente avvenga in modo del tutto gratuito. Sarà per la bellezza di questo sport, per l'alone di onestà che lo circonda, per la mancanza di secondi fini che tutti, dagli atleti agli organizzatori degli eventi, possono sbandierare: sta di fatto che le persone sono felici di far parte di una crew, e ciò è umanamente già una vittoria per tutti.

Scegliere le persone adatte per farsi assistere in quei momenti importanti, a volte è semplice, a volte inevitabile, a volte è frutto di un ragionamento lungo. Normalmente, anche qui, è bene fidarsi del proprio istinto, e andare a colpo sicuro sulle persone a cui si è pensato per prime.

Non ci sono caratteristiche fondamentali che il membro della crew dovrebbero avere, io tendo a considerare tutti come compagni di avventura graditi. Naturalmente non è così semplice per tutti gli atleti: i più competitivi, spesso affidano alla crew compiti molto schematici e ragionati scientificamente, e richiedono uno standard di prestazione molto elevato, esperienza prolungata sul campo, tempi rapidi di risposta e capacità logistiche notevoli; per di più, sono anche pronti a pagare una somma in denaro per queste "prestazioni". In questi casi, l'esperienza della corsa su lunghissime distanze somiglia molto ad una disciplina sportiva professionistica, e nella mia visione di questo sport si finisce per perderne di vista la vera essenza.

L'unico accorgimento davvero utile è pensare che, quando si propone una esperienza simile ad un famigliare o ad un amico, bisogna ricordarsi e ricordarle che si tratta di un viaggio che potrebbe rivelarsi difficile, stressante, sicuramente lungo e stancante. E che quindi può non essere una esperienza gradevole per chiunque. Essere onesti a priori su questo, va nell'interesse di entrambi. Se la persona ha sufficiente capacità di adattamento e ci tiene a farvi un regalo, allora è già la persona più adatta.

Altre volte capita di non poter scegliere, ma di doversi fidare di qualcuno che si propone come crew member attraverso canali vari, specie in rete. Questo accade in particolare se si corre all'estero, lontano da casa, dove i propri cari non possono seguirci. Solitamente chi si candida per un compito simile ha già esperienza, e dunque non resta che fidarsi. Se ci si sente tranquilli, fidarsi dell'aiuto ricevuto gratuitamente è una mossa che non sbaglia.

I compiti della crew sono molteplici, e di solito vanno concordati prima dello start. E' importante che ci sia chiarezza sul tracciato, perché può capitare di separarsi anche per lunghi tratti, ed è meglio esser certi di ritrovarsi. Disporre di una mappatura GPS o cartacea è spesso molto utile. L'altro compito fondamentale della crew è quello di trasportare tutto il materiale necessario, il cibo e i liquidi. Abbiamo già affrontato questi argomenti in sezioni precedenti, pertanto non rientriamo nei dettagli. Cerchiamo però di fare chiarezza su come si svolgono i momenti in cui l'atleta ha bisogno dell'assistenza della crew, e quando, invece, ha bisogno che la crew sia distante e resti defilata. Questo secondo momento è sottovalutato, ma è altrettanto importante.

Infatti, se il runner entra in uno stato di flusso libero e riesce a correre senza fatica e senza pensieri, probabilmente è entrato in forte connessione con lo spirito, e di ciò, egli è l'unico ad essere consapevole: non c'è nulla di più sbagliato che interrompere quel flusso. La cosa potrebbe ingenerare frustrazione nel runner che si vedrebbe interrotto un momento di benessere assoluto, oltre che di grande rendimento atletico, così difficile da ottenere e così sottile da mantenere. E' dunque importante che i membri della crew si accorgano se il runner sta correndo senza ricercare il contatto con loro proprio perché si trova in uno stato di piena presenza mentale, oppure perché è in crisi e non riesce nemmeno a comunicare. Distinguere queste due eventualità, parlarne insieme prima della gara, stabilire dei "segni di riconoscimento", è un aspetto utile ad evitare errori.

Quando il runner ha bisogno, invece, di solito lo comunica, a gesti o a parole. In certe gare, addirittura, il bisogno è talmente frequente, per le condizioni ambientali e per le difficoltà particolari, che è utile programmare delle soste di rifornimento e conforto con una frequenza prestabilita, che potrebbe essere ogni 20, ogni 10, oppure ogni 5 o persino 3 chilometri. Nella mia esperienza, ci sono state gare interrotte da soste molto rare, per esempio una ogni 40 km, così come gare dove ogni 3 km era assolutamente necessario bere, bagnarsi, asciugarsi, raffreddarsi o riscaldarsi.

Tutto può succedere, e tutto può essere pianificato prima, per rendere l'esperienza più confortevole e rassicurante; oppure, la gestione di questo timing può essere altresì improvvisata, per lasciare alla spontaneità del caso, l'ordine con cui fare le cose giuste. Prendetemi pure per uno sprovveduto, ma con questo secondo approccio, personalmente, mi sono sempre trovato meglio. Avere il "dovere" di seguire una scaletta può essere più snervante che creare un percorso in itinere, basato sulle esigenze del momento; fidarsi della propria guida interiore che saprà dirci cosa ci servirà in quel momento, e fidarsi della crew che ce lo renderà disponibile immediatamente, aiuta a concentrarsi solo sull'esperienza del correre. Così, il viaggio diventa più bello per tutti.

Gestire la crisi

In gara, a differenza che in allenamento, c'è il fattore tempo. Spesso in gara ci si dimentica di quanto può essere bello correre liberamente ed importante mantenere un buon bilanciamento fisico e mentale per sostenere lo sforzo molto a lungo, e ci si concentra solo sull'obiettivo del traguardo e sul tempo. Così, si perde facilmente di vista quel faro costante e affidabilissimo che è il respiro, e si corre inconsapevolmente. Dimenticandosi di osservare il respiro passivamente e di modulare il ritmo della corsa su di esso, si cade facilmente nell'errore di accelerare, spesso più del dovuto, perché ancora ci si sente bene; per qualche minuto, in certi casi per qualche ora, aumentando attivamente il volume e la frequenza del proprio respiro si compensa lo sforzo, e si continua a correre; tuttavia, dopo un certo lasso di tempo in cui si è portato il corpo in forte stress, il compenso non regge più e cominciano i problemi. Tendenzialmente si comincia ad annebbiare anche il pensiero, si riduce l'acume sensoriale, e si perde il contatto fine e preciso con la realtà: quindi il cane si morde la coda, e si perde ancor di più l'osservazione del respiro. Il circolo vizioso si autorigenera, il corpo si esaurisce, la mente perde il controllo: è la crisi.

Vivere un momento di crisi, in una ultramaratona, è una eventualità molto comune, normale. Oserei dire che qualsiasi ultrarunner ha vissuto una crisi in gara, ed ha imparato sulla sua pelle modi diversi per poterne uscire. Tuttavia, quel che mi preme condividere con voi, mettendomi sempre in una posizione di ascolto e non pretendendo di possedere alcuna verità, è che la crisi prima di tutto va anticipata. Poi, se arriva, e prima o poi arriva, va superata. Per anticipare la crisi e per superarla non si devono conoscere particolari accorgimenti, o segreti tecnici o strategici: è unicamente necessario essere presenti mentalmente nel momento che si sta vivendo, il qui ed ora; non essere distratti dai pensieri, non vagheggiare con la mente altrove.

Una mente presente, è una mente che anche se stiamo correndo da 15 ore filate, sa riconoscere, mediante l'osservazione consapevole del respiro, che qualcosa si sta inceppando nel sottile equilibrio che consente la nostra corsa, e ci invita naturalmente a porre rimedio immediato. Rimediare ad un qualsiasi problema sul nascere, sia esso un dolorino muscolare, oppure un senso di fame, o un preludio di nausea, per citare qualche esempio, significa attuare piccoli ma significativi comportamenti di compenso proprio mentre stiamo correndo, senza interrompere la nostra progressione. Se il tutto avviene tempestivamente, perché si sta tenendo il ritmo giusto e quindi si presta la giusta attenzione, il problema è già risolto. Al contrario, se si perde la presenza mentale, non c'è il giusto ascolto del corpo, non si pone rimedio tempestivo ai problemi, e quindi si sprofonda in una spirale che porta alla crisi.

Allo stesso modo, una volta che la crisi è sopraggiunta, per venirne fuori, si deve sintonizzare la propria attenzione sul qui ed ora, ed io consiglio sempre di farlo riportandola sul respiro. Esso, metronomo onesto delle nostre condizioni fisiche, anche in crisi può essere letto per correggere i propri comportamenti. Normalmente, in una fase di crisi il respiro si fa faticoso, pesante, a volte corto: sono tutti segnali che, per prima cosa, bisogna rallentare, camminare; dopo qualche momento, se ciò non basta a rientrare nei ranghi, occorre fermarsi, smettere temporaneamente di muoversi. Può essere necessario anche stendersi e attendere che il senso di benessere generale torni. Ripartire anzitempo può solo peggiorare la crisi, con il rischio di non riprendere più la gara. Dopo l'opportuna pausa, è sempre bene ripartire camminando per qualche minuto; solo dopo, se tutto procede al meglio, si può ritentare di correre, e normalmente il problema sarà risolto.

Se alla base della crisi c'è anche un calo di energia, sarà necessario un congruo e pronto ripristino calorico. Non consiglio mai cibi troppo zuccherini, perché pongono il rischio di effetto rebound con ipoglicemia reattiva (quando si mangiano troppi zuccheri si ha una ipersecrezione reattiva di insulina, con possibile effetto paradosso ipoglicemizzante) ed ulteriore prostrazione fisica; sono ideali cereali integrali, oppure altri alimenti a basso indice glicemico, come i cibi grassi, molto calorici ma a rilascio più lento. Anche se inizialmente potrebbe sembrare una condizione grave, e anche se ci si potrebbe sentire tremendamente deboli, se si riesce a mangiare anche solo uno spuntino, anche questa condizione passa, e presto ci si ritroverà a correre come o meglio di prima.

Se si fosse giunti ad esaurimento per disidratazione, il problema è più complesso. Occorre ovviamente prevenire la condizione bevendo poco e spesso, cercando di anticipare leggermente il senso della sete. Al sopraggiungere del senso della sete, è opportuno rallentare e bere una quantità di liquidi importante, senza mai avvertire il senso di ripienezza gastrica. Attenzione in questi casi ai liquidi freddi o a quelli troppo caldi: lo stomaco è sotto stress e difficilmente tollera liquidi a temperature estreme, si contrae violentemente, e di conseguenza può innescare una crisi vaso-vagale, che può accelerare e peggiorare una crisi durante la corsa. Quando si beve ma si nota che il senso della sete è difficile da placare, è altresì opportuno fare un bilancio di quanti sali si sono ingeriti, tra sali naturali presenti nei cibi, sali disciolti in acqua o altri integratori: potrebbe trattarsi di una iposodiemia, specie in estate quando si suda maggiormente. In questi casi va iniziata subito l'integrazione con sali minerali aggiunti concentrati. Se non fosse disponibile un preparato, un cucchiaino da te di sale da cucina in acqua, assieme ad un mezzo limone spremuto, possono vicariare egregiamente il lavoro richiesto.

Portare a termine il proprio obiettivo

Inutile nascondersi dietro ad un dito: quando si gareggia si parte con qualche aspettativa. Potrebbe esserci l'ambizione a vincere, quella di fare un ottimo piazzamento, oppure l'idea di arrivare entro un determinato tempo, oppure l'idea di giungere in qualunque modo o tempo al traguardo; infine, perché no, alle volte si può ambire semplicemente a passare del buon tempo, vivere un'esperienza positiva.

Metterei questi obiettivi al rovescio in ordine di importanza, in questo senso: quando in una competizione si riesce a stare bene, a godersi il momento unico che essa ci può dare, ciò implica già una vittoria, a prescindere dal tempo o dal piazzamento. Infatti, godersi il gesto della corsa, essere mentalmente presenti mentre si solcano strade vecchie o nuove, essere felici di condividere oppure di essere soli in mezzo alla natura, od ogni altro buon motivo per dirsi soddisfatti, sono prova della presenza di spirito nell'esperienza del correre. Ricordandosi che correre lunghissime distanze è già di per sé una prova notevole di equilibrio e carattere, non per tutti, e certamente guadagnata con la fatica e mai regalata da nessuno. Con questo atteggiamento, nessun risultato sarà mai deludente, nessun inconveniente sembrerà una maledizione, nulla potrà rovinare la gioia di esserci stati. Il miglior auspicio, dunque, è di vivere sempre le gare di ultramaratona con questo spirito.

Ma non viviamo nel mondo delle fatine. Quando si gareggia, purtroppo ci si dimentica quello spirito leggero, e ci si butta su obiettivi più materiali, più concreti. Questo fa anche bello lo sport, e non va demonizzato, ma va saputo gestire in gara per non farsi sopraffare dalla frustrazione di non ottenere i risultati previsti. Dunque, tanto per cominciare, conviene fissare obiettivi realistici. Sarebbe folle pensare di chiudere una gara da 200 Km se non se ne è mai corsa una da 100 km, sarebbe presuntuoso pensare di vincere una ultra alla prima apparizione; più saggio è accontentarsi di tagliare i traguardi, poi fissare un po' i propri obiettivi di tempo, e solo più avanti, se si è fatta una buona preparazione e ci si sente ingagliarditi, fissare obiettivi di piazzamento.

Quest'ultima ambizione, per quanto affascinante, può risultare fonte di forte stress, poiché pone il rischio di fare la gara sugli altri atleti, sui loro ritmi, invece che sui propri, mandando a monte tutto il lavoro di preparazione consapevole fatto fino a quel momento. Normalmente solo i top runners scendono in strada con obiettivi di piazzamento, e non mi addentrerò in quell'ambito essendone sempre stato fuori.

Ogni runner che abbia il coraggio di affrontare una gara ultra, tuttavia, merita il gusto della sfida con sé stesso, ed è lecito che si fissi obiettivi di performance. Le cose però non sempre vanno per il verso giusto: abbiamo visto in quante e quali modalità ci si può avvitare in spirali disfunzionali che interrompono il flusso del correre e fanno perdere il contatto con il momento, generando risultati deludenti e momenti di vero sconforto. Rispetto a questa evenienza, è necessario essere onesti con sé stessi fin dal principio, fissando un obiettivo realistico, e poi, quando si è in gara, restare nella consapevolezza del momento. Osservare il respiro, mantenere il ritmo giusto, per quanto lento esso sia, continuare a farlo. In caso di crisi continuare a rimanere mentalmente presenti, rallentare o fermarsi se serve, e poi appena si può, ripartire. Sarà già un grandissimo risultato non perdere mai la lucidità.

Quel che ho imparato da alcuni grandi della corsa è che "domani arriva sempre", quindi si può impiegare tutta l'energia e tutto il tempo a disposizione e dannarsi l'anima attorno a risultati irrealistici, oppure puntare il traguardo o il proprio alternativo target personale, senza stress e senza la nauseante prospettiva di dover gareggiare sempre. A noi la scelta.

Se arriva la crisi, se si pensa di non poter più raggiungere il proprio obiettivo, bisogna interrompere subito il momento, riportando l'attenzione al respiro. Si fa un passo indietro, e ci si concentra sul gesto del respiro, come già detto: l'aria che entra e che esce dalle narici, il torace che che si gonfia e si sgonfia, la pancia che avanza e arretra, il calore che esce ed il fresco che entra, e gli altri infiniti microscopici cambiamenti che ogni atto del respiro porta nel nostro corpo. Facendo ciò, prestando attenzione passiva a questo gesto naturale ed ineluttabile, sempre al nostro fianco, la mente si calmerà, e si smetterà di pensare negativamente all'esito della gara. A quel punto, si sarà nuovamente sintonizzata la mente con il corpo, e si troverà il modo giusto per ripartire bene e portare a termine il proprio obiettivo. Con calma, equilibrio, presenza.

Personalmente mi è capitato più volte di veder svanire l'obiettivo che mi ero prefissato, e per 2 volte non sono stato in grado di interrompere il pensiero negativo, l'ho lasciato sopraffarmi, ed ho abbandonato la gara. La delusione patita è stata tale che da essa è scaturito un lungo lavoro di accettazione dei limiti, realismo circa le proprie possibilità, accoglimento del risultato come viene, gioia di essere presenti senza ambizioni. Da allora, dopo quelle delusioni, il vissuto del correre è stato decisamente più sereno e gradevole, slegato dal risultato.

E come per lo sciogliersi di un incantesimo, i risultati hanno cominciato ad arrivare con più facilità proprio da quel momento. La stessa cosa è capitata a diversi altri amici runners conosciuti in questi anni: chi si toglie di dosso il peso del competere, e si gode la gioia di correre, prima di tutto vince a prescindere, ed in secondo luogo, talvolta, si ritrova a vincere le gare per davvero.

Quindi, fissare un obiettivo e far di tutto per raggiungerlo in una gara di ultramaratona, è prova di grande maturità psico-fisica e di un lavoro ben fatto; poi: se lo si raggiungerà, si godrà molto di quel momento, se invece si fallirà, si godrà molto di più in futuro per la lezione appresa. Ad ogni modo, si tornerà a casa più leggeri, e allo stesso tempo, più ricchi di vita vissuta.

Gestire il dopo gara
Cosa bisogna fare in pratica nell'immediato dopo gara è piuttosto meccanico, semplice, e ci sono fior di autori che possono spiegarlo meglio di quanto leggerete qui. Mi limito ai punti chiave, per poi approfondire un aspetto più sottile di quello che è il dopo gara.

Per non subire i possibili effetti nocivi dell'enorme sforzo è importante sin da subito bere abbondanti quantità di acqua e sali. Quanti e quali liquidi bere, se saremo stati in ascolto del nostro corpo fino a questo momento, ce lo dirà appunto la nostra guida interiore. Si avvertirà un tipo di sete diversa se si tratterà di dover reintegrare solo acqua, oppure acqua e sali minerali; sarà un senso fine e leggero, ma con il tempo lo si impara.

E' altresì necessario integrare subito, entro la prima ora, una quota di energia e, possibilmente, anche una quota proteica per il ripristino pronto del muscolo: i soliti alimenti già approfonditi andranno benissimo, anche se sono disponibili sul mercato una quantità di preparati per il "recovery", probabilmente ottimi dal punto di vista nutrizionale, che possono fare al caso. Siate consapevoli, comunque, che è possibile ottenere tutti questi bei risultati biochimici, con cibo sano naturale e integrale, procurato magari dalla fonte e senza edulcoranti o altri prodotti artificiali. Tutto può andar bene, comunque, se saremo noi stessi a giudicarlo idoneo attraverso sensazioni corporee positive, o per semplice senso del gusto: importantissimo infatti è anche l'appagamento sensoriale in questo momento di vulnerabilità.

Nelle ore successive alle gare potrebbero comparire, con molta probabilità, dolori e disturbi vari, muscolo-scheletrici o anche interni. E' tutto normale, ma qualora ciò fosse prolungato ed incomprensibilmente intenso, ricorrere all'aiuto di qualcuno, magari di un Medico, è cosa intelligente. Bere molta acqua e dormire molto, finché si può, di solito sono rimedi sufficienti a risolvere gran parte dei disturbi.

Le ore passano, i giorni pure, e si esce dal mood della competizione: soddisfatti oppure no, dipende dal risultato, ma soprattutto dallo spirito con il quale si è affrontata l'avventura. Anche le avventure più lunghe, infatti, come tutto ciò che ha un inizio, hanno una fine. Al termine di una gara importante, specie di quelle che hanno richiesto mesi di preparazione, si sciolgono molti nodi e si apre un momento nuovo, non necessariamente facile. E' vero, si smettono per un po' i panni dell'atleta e si ha più tempo libero per lo svago ed il riposo, ma spesso, nella mente di chi corre lunghissime distanze, si innesca un meccanismo di dipendenza che, ahimè duole ammetterlo, a volte somiglia molto a quello di un tossicodipendente. E, incredibile ma vero, si vorrebbe correre ancora e ancora. A questo stato, con un po' di buon senso, sarebbe bene non arrivare.

Chiudiamo la nostra sorvolata sul mondo della corsa su lunghissime distanze, vedendo cosa succede nella vita dopo una gara. Nei mesi che precedono la gara e, specie, nelle ultime settimane, si può arrivare a sostenere ritmi di vita simili a quelli di un soldato in caserma: sveglie brutali, pasti razionati regolari, minor compagnia, zero alcool, tanta fatica fisica, poche soddisfazioni. In quei giorni, la gioia del correre rischia di dissolversi, a favore di un obiettivo di medio termine che sembra più importante, la competizione. Per fortuna, molti di noi ricordano sempre che corriamo per diletto, perché ci piace, ma altri, e forse almeno una volta è successo a tutti, se ne dimenticano e si preparano alle gare come fossero degli olimpionici in aria di medaglia. Poi, quando finisce la gara, tutto ciò si dissolve come una bolla di sapone, svanisce in un attimo: a quel punto, si può tirare un sospiro di sollievo e godersi un meritato ristoro, oppure, se si è oltrepassato il limite andando in overtraining, la vita può sembrare svuotata. Meccanismi psico-fisici mediati dal calo della produzione di certi ormoni, dall'appagamento o dalla frustrazione circa il risultato ottenuto in gara, dalla reale sofferenza fisica residuata dopo la gara, sono tutti fattori che possono portare una persona reduce da una ultramaratona a vivere una autentica piccola fase depressiva.

Sembra incredibilmente ripetitivo quanto dirò, ma nella mia esperienza e negli insegnamenti che ho ricevuto ho riscontrato esattamente questo: essere mentalmente presenti in quel momento, aiuta a viverlo con la giusta consapevolezza e superarlo, anzi, impararne davvero il valore. Anche se fosse uno dei momenti più melanconici o apatici della propria vita, capire che ciò succede perché si è dato tutto, ci si è svuotati di energie, e occorre solo prendere il giusto tempo per ricaricarle, è il modo migliore per onorare il grande sforzo fatto.

"GAREGGIARE CON ALTRI ALLA RICERCA DI UN RISULTATO, DI UN RICONOSCIMENTO AGONISTICO, È SOLO UN VALORE AGGIUNTO, UNA ESPERIENZA ACCESSORIA"

Purtroppo, alcuni ricadono nell'errore interpretando quelle sensazioni come il bisogno di correre ancora, e si gettano senza posa su altri obiettivi a breve termine senza il dovuto stacco, magari un'altra ultramaratona. Ebbene, non c'è modo migliore per farsi del male. Anche se lo si è fatto agevolmente, preparare e correre una gara simile, specie se superiore alle 100 miglia, comporta un dispendio di risorse fisiche che va oltre la percezione che ne abbiamo; a completamento di queste esperienze di vita, non deve mai mancare l'ultima, fondamentale parte: il recupero. Recuperare significa nutrirsi, idratarsi, rilassarsi, non correre, fare altre attività varianti, dedicarsi alla buona compagnia ed al buon vivere. Insomma, senza esagerare, è esattamente salubre mettere in atto comportamenti di compenso rispetto a quelli messi in atto durante la preparazione: svegliarsi con calma, gozzovigliare di quando in quando, concedersi un bicchiere di vino e un pasto saporito, far tardi la sera una volta ogni tanto, fare qualche chilometro in meno della propria tabella di marcia mentale. Attenzione, non è necessario smettere di correre, ma è bene ridurre, e di molto, il chilometraggio, per qualche settimana. Alcuni atleti di elite, dopo gare importanti, smettono completamente di correre per 2-3 settimane: ho seguito questo approccio alcune volte trovandovi beneficio immediato, ma ammetto che la ripresa della corsa dopo un lungo stop può essere "drammatica", quindi a meno che non si abbia qualche motivo specifico per farlo, non lo consiglierei.

In ragione di quanto detto, è opinione di molti, più o meno esperti, che non si dovrebbero correre più di 2 ultramaratone all'anno. Sebbene tempo fa fossi in disaccordo, ora mi sento di sottoscrivere questa prassi. 2 gare all'anno, parlando di fatiche da 160-200 km, sono un buon bilanciamento tra continuità di allenamento e giusto tempo per il riposo. E' difficile, per il 99% di noi, pensare di poter correre di più senza farsi male, o senza comunque incappare in disagi o problemi da overtraining.

Un approccio ancor più prudente, comunque plausibile, è quello di preparare solo una gara all'anno, ma questo spesso fa a pugni con la nostra voglia di misurarci in esperienze nuove e sfide accattivanti. Il gusto piccante della sfida è un motore che ci può accendere anche nella vita, e non solo nella corsa, quindi è giusto assecondarlo e dargli materia su cui sfogare le nostre energie, sapendo che ciò porterà probabile beneficio a noi e a chi ci vive come famigliare o amico nella vita. Una persona ingaggiata in una sfida personale con sé stessa, che sia equilibrata nel dare e avere da quella sfida, che non cada nella dipendenza ma al contempo abbia una quotidiana valvola di sfogo su cui scaricare le tensioni della giornata, è una persona più serena e gradevole, efficiente e leggera. Per questo, lanciarsi il guanto della sfida ogni 6 o 12 mesi, se non entra troppo in conflitto con i doveri della vita "là fuori", è un diritto sacrosanto, anzi quasi un dovere morale. Finché c'è la voglia di farlo.

BRAZIL 135

Ricordo il viaggio in Brasile del gennaio 2020 come l'ultima fortunata e gloriosa esperienza della mia vita prima della dannata Pandemia.

Ho condotto il mio allenamento in maniera quasi militare, rinunciando a molti panettoni e bevute sotto Natale per presentarmi al top a questa Brazil 135, a detta di molti ultramaratoneti più dura persino della gloriosa Badwater. So di soli 2 italiani che ci hanno provato prima d'ora, ma la stagione è buona, io sono in forma, e un buon tempo qua mi garantirebbe l'accesso alla gara Californiana.

Dopo una fase di planning, la squadra parte dall'Italia formata da me, la mia dolce metà Silvia, che mi accompagna per la prima volta in una ultra, Riccardo, amico con alle spalle una lunga esperienza di giramondo, e Nerio, compagno di mille scorribande di corsa, uno degli altri due italiani in gara.

L'arrivo sul luogo della gara mette subito in evidenza che non sarà facile confrontarsi col caldo tropicale del Minas Gerais dopo essersi allenati al freddo nel pieno dell'inverno. I giorni scorrono comunque senza intoppi e il momento della partenza arriva. C'è una cantante a intonare l'inno nazionale brasiliano, una troupe televisiva che intervista anche me tra gli altri, e circa 500 atleti partenti, quasi tutti brasiliani.

Fa molto caldo e occorre bere tantissimo, ma la crew composta da Silvia e Ricky non si fa trovare mai impreparata e i chilometri iniziano a scorrere tra valli e monti incantevoli, di un verde oltremisura sgargiante.

Il picco di calore arriva nel primo pomeriggio mentre si sale l'impervio Pico do Gaviao. Lì, mi accorgo che qualcosa non va quando vedo tracce di sangue nella mia poca pipì, e le forze iniziano a calare. Sono tra i primi e mi disturba l'idea di perdere la testa della gara, quindi non rallento abbastanza. Risultato: a metà salita, nel mezzo del sole, comincia una nausea incredibile, le gambe non mi reggono più, e la vista si annebbia…pochi metri e mi trovo al suolo a implorare ombra, sonno, acqua fresca. La crew è scettica, ma non smette mai di sostenermi con liquidi, comfort e parole di incoraggiamento, e persino un'ambulanza di gara si ferma a prestarmi aiuto, ma dopo un po' i ragazzi temono che io possa non rialzarmi, tanta è la fatica che faccio anche solo per tenermi seduto. Fuori il sole picchia a più di 40°, e l'umidità è totale; i polmoni si aprono a fatica, e per le gambe ancora nulla da fare...ma non voglio perdere il contatto con me stesso, e mi sforzo di osservare sempre il mio respiro per non dormire, per non mollare, anche se è tutto tremendo. Ma in testa, tra le nebbie di un momento difficilissimo, un solo pensiero rimane lì, granitico, imperturbabile: ripartire e tornare a casa con quella medaglia preziosa al collo.

Solo dopo quasi due ore, incredibile varco temporale nella mia esistenza di cui ho ricordi annebbiati e ovattati di gente che mi sorpassa e del sole che pian piano si incunea verso ovest, il colpo di calore finisce, e mi sento di ripartire. Riesco a mangiare qualche scaglia di grana e a bere litri di sali…l'aria si raffresca e il mio corpo emana calore, quindi arriva la sera ed io, invece che vestirmi come tutti, mi spoglio di strati e affronto la notte in canotta.

Sto bene, incredibilmente bene mentre corro forsennato nella notte che si trasforma in una tempesta tropicale; secchiate di pioggia tiepida fitte dal cielo, e rivoli impetuosi di fango dal suolo, ovunque è acqua. Da quel momento in poi non ci saranno più pause, né momenti di ripensamento, né fasi di stanca per altre 20 ore. La mia gara entra in un flusso di presenza mentale e corporea totale, dove non c'è emozione, non c'è dolore, né paura: in quel momento io sono la strada e posso solo continuare a correre. Uno alla volta, gli altri atleti cadono come soldatini sotto la furia della mia corsa imperterrita, tra salite e discese che sembrano verticali, bellissime e durissime da mettere inquietudine.

Giunge l'alba, poi il mattino e di nuovo il caldo meriggio brasiliano, ma questa volta, ad affrontare gli ultimi chilometri io e i ragazzi non ci facciamo più trovare impreparati: borse di ghiaccio, acqua e sali in abbondanza ogni 2 chilometri, in soste che non si riveleranno mai così necessarie e perfettamente congegnate. Ogni volta sembra il pit-stop della Formula 1, ed ogni volta riparto più galvanizzato che mai verso Paraisopolis. Dopo 217 chilometri e 11mila metri di dislivello positivo, taglio il traguardo al terzo posto, primo atleta internazionale, e mi guadagno l'ingresso a Badwater 135. Anche Nerio taglierà il traguardo, e la nostra vacanza brasiliana potrà finire in festa e caipirinas. Non sappiamo ancora che il 30 gennaio, all'aeroporto di San Paolo, vedremo i primi passeggeri muniti di mascherina, mentre immagini di terrore e notizie di contagi passeranno alla TV in sottofondo.

E' la fine di un'avventura indimenticabile per noi, l'inizio di un'altra vita da dimenticare per tutti. E per poco, questa avventura, così rude, selvaggia, bella oltre ogni immaginazione, poteva non esserci mai stata. Sono infinitamente grato di averla vissuta.

Correre lunghissime distanze

CONCLUSIONI

Il nostro sorvolo su cosa significhi correre lunghissime distanze volge al termine, dunque è il momento di trarre le dovute conclusioni. Ero partito con una dichiarazione di intenti precisa: non voler insegnare nulla a nessuno, ma dare semplicemente conto della mia visione di questa disciplina sportiva. Con lo stesso intento chiudo il mio scritto, e chiedo ai lettori perdono per aver sottratto loro tempo prezioso per correre. Probabilmente, molte delle cose dette saranno risultate banali. Inoltre, la ripetitività di certi argomenti può essere che talvolta sia risultata indigesta. Tuttavia, nella sua ripetitività, questa lagna che ti dice "respiro, respiro, osservare il respiro" ed altre litanie del genere, somiglia molto alla ripetitività del correre per ore ed ore. Quindi, il caro lettore che sarà giunto fin qui e non si sarà annoiato, ma avrà trovato interessanti i miei pensieri, probabilmente ha già esperienza di ultramaratona, oppure ha l'atteggiamento giusto per provare a farlo domani stesso. Non potrei augurargli un'avventura più bella.

Concludo con una "lettera aperta" alla corsa.

La corsa è parte di me. Per essa ho dovuto cedere una fetta della mia vita. Sopra ogni cosa, le ho dato tempo, domeniche, pomeriggi e mattine in quantità infinta che ho sottratto a famiglia, amici e lavoro. Le ho dato il mio corpo in dono, per vederlo trasformarsi più volte in un residuo prosciugato di quello che era. Le ho dato il mio pensiero, quando la sera pensavo già a quanto correre l'indomani, e la notte pianificavo l'itinerario nella mia testa. Le ho dato le mie ferie, perché spesso le ho spese ed organizzate per trovare nuovi luoghi e nuove fatiche, da vivere tutte correndo. Le ho dato anche la mia tavola, che spesso era spoglia di molto cibo che forse avrei mangiato più volentieri, e che invece ho apparecchiato per lei con cibi salutisti, frugali, talvolta insipidi, accompagnati solo da acqua. Le ho dato persino amore, che talvolta ho sottratto a quello per la mia donna, forse indebitamente.

Ma cosa ho ricevuto in cambio? Di una cosa non potrei essere più sicuro: io dalla corsa ho ricevuto tutto quello che le ho dato, che però mi è tornato indietro decuplicato. Lo dico con onestà, e questo posso darlo come un consiglio: non avrei potuto fare investimento migliore, di quello che ho fatto nel correre.

Al tempo che le ho dedicato, la corsa ha risposto regalandomi alcuni dei momenti più felici, più sereni e più pieni della mia vita. Mi ha dato tempi lunghi, dilatati, ma passati in un batter d'occhio, albe magiche e tramonti indimenticabili, notti spettrali e mezzogiorni di fuoco. Mi ha dato anche compagnia, nuove amicizie, nuove abitudini. Mi ha dato la possibilità di lasciarmi alle spalle ogni giorno la tensione che accumulavo, e rinfrancarmi dopo le delusioni che ho provato.

Al corpo che le ho regalato, la corsa mi ha restituito un corpo nuovo. Un corpo più maturo, più asciutto. Un corpo che negli ultimi 20 anni (tolta la recente parentesi messicana) non ha mai avuto bisogno di misurarsi una febbre, né prendere un farmaco o farsi un giro dal Dottore. Un corpo ad alta efficienza, forse mai troppo esplosivo, ma paziente, agile e capace di resistere a lungo a condizioni di ogni tipo. Un corpo che, come tutti, sta invecchiando, ma lo fa con molta riluttanza.

Al pensiero che le ho dedicato, la corsa mi ha restituito un pensiero più calmo e sereno, nonostante la vita, spesso, sia un navigare nella tempesta. Mi ha dato la capacità di imparare a meditare stando in movimento. Ha lavorato sulla mia mente, aiutandomi a comprendere che quando qualcosa non torna, il primo responsabile di ciò sono io, e su di me devo lavorare, prima di puntare il dito su qualcuno o qualcosa "là fuori". Mi ha insegnato un modo più bello, più grato e disinteressato di stare con gli altri, l'onestà di chi sa cosa sia il sacrificio, e non chiede di ottenere nulla senza impegnarsi.

Alle ferie che ho speso per lei, la corsa mi ha restituito le avventure più meravigliose che avrei potuto sognare. Intere nazioni attraversate correndo, isole e regioni solcate sulle mie gambe in solitaria, sentendomi parte di boschi, strade e villaggi, deserti e città. Talvolta ho pensato che avrei voluto concludere la mia esistenza terrena proprio lì, in quei luoghi, in quei momenti.

Alle tavole che ho apparecchiato apposta per lei, la corsa mi ha restituito una conoscenza migliore del mondo e del cibo, una consapevolezza maggiore di quanto sia facile stare male, ma ancor più facile stare bene, se solo ci si vuol bene, partendo da ciò che si mangia. Ho imparato la passione nel cucinare cibi naturali, integrali, direttamente dalla terra alla tavola; e il gusto nel mangiarli, sentire l'energia pura dei frutti della terra mischiarsi con la mia, e trasformarsi in spirito.

All'amore che le ho dato, la corsa ha risposto con amore. Perché se scrivere di corsa mi ha dato questa gioia, significa che la mia storia con lei è quella di un amore vero, reciproco, dove si da e non si chiede nulla in cambio. La nostra passione giovanile è ormai passata, ma l'amore che ci siamo scambiati resta e resterà per sempre.

NAKASENDO

Quando sarò vecchio e penserò alla mia gioventù, probabilmente penserò al mio viaggio di corsa attraverso il Giappone.

Lì, nel novembre 2019, vivo quella che resterà una delle più eccezionali avventure che potessi sognare di vivere. Dovendo correre per preparare una competizione, con ben 2 settimane di ferie da spendere, e volendo unire vacanza e allenamento, scelgo di prendere un volo per Kyoto. Dalla antica capitale dell'Impero nipponico, infatti, parte il Nakasendo, un antico sentiero usato per secoli da mercanti e postali, che attraversa le Alpi Giapponesi centrali fino a Edo, l'odierna Tokyo. 480 chilometri di montagne e boschi, villaggi e qualche città moderna.

Atterrato a Kyoto verso le 22, ancora in aeroporto, entro in un bagno molto tecnologico, e comincio a cambiarmi. Via i vestiti normali, indosso la tenuta da corsa. Preparo uno zainetto corposo dove metterò una seconda muta di vestiti da corsa, qualche barretta energetica, due borracce, passaporto, portafogli e telefono: stop. A quel punto, faccio spedire per il giorno X la mia valigia ad un hotel di Tokyo con un servizio postale giapponese molto efficiente, efficienza che scoprirò essere nel DNA di questo paese, dove tutto funziona meravigliosamente.

Arrivo in città, dormo in una capsula ipertecnologica e al mattino, dopo una colazione mostruosa parto lentamente per il mio sentiero. Giorni di sole, di foglie rosse, arancioni e gialle che si staccano e volano, giorni di cieli azzurri e di aria pulita. Giorni di corsa instancabile, fluida, mai un momento di sconforto, solo un flusso armonico di energia che scorre tra me e milioni di alberi. Poi qualche villaggio remoto, ponti di pietra, antichi presidi postali lungo il sentiero. E poi loro, immancabili anche in mezzo al bosco: distributori di bevande di ogni tipo, calde, fredde, scure, colorate, frizzine, energizzanti, rilassanti...ogni genere di diavoleria moderna, a mia completa disposizione per rifocillare la lunga corsa: un sogno chiamato Giappone.

La sera, dopo ore sulle gambe, non manca mai un buon onsen, la vasca termale tipica giapponese, dove i miei muscoli e le mie ossa trovano finalmente posa. Ogni sera si indossa il kimono che trovi sempre in camera, e poi si gode ancora: cibo, tanto cibo, ottimo cibo giapponese servito con cura maniacale e consumato con il gusto di chi ha davvero fame. Poi la

notte arriva il sonno, quello vero, profondo, come quello dei bambini. E la mattina, al risveglio, si riparte con lo stesso programma perfetto.

I giorni passano, il Nakasendo trail si accorcia davanti a me mentre Tokyo si avvicina, ed io vivo quei 7 giorni magici di corsa come in preda ad un incantesimo. L'ultimo giorno, quando attraverso la sterminata periferia di Tokyo, fatico a lasciare quell'incantesimo, e mi metto a camminare per allungarlo. Però, ogni cosa che ha un inizio, ha anche una fine, e allora arriva il momento di posare la mano su quella pietra miliare che per i giapponesi costituisce il centro geografico della capitale, la fine del Nakasendo.

L'emozione è trovarsi nel centro di Tokyo, tra mille grattacieli e milioni di persone indifferenti, ed essere i soli a sapere come ci si è arrivati, stanchi ma felici. Scambio qualche sorriso smagliante con chi passa di lì: loro si incuriosiscono, non capiscono cosa ci sia da ridere, ma alla fine ridono, mettendosi una mano davanti alla bocca per l'imbarazzo. Sono un ragazzo fortunato.